成长

系列丛书

戏剧人生

李默然的成长之路

辽海出版社

关捷 / 著

图书在版编目（CIP）数据

戏剧人生：李默然的成长之路/关捷著. --沈阳：
辽海出版社，2025.3. --ISBN 978-7-5451-7123-5

Ⅰ.K825.78

中国国家版本馆CIP数据核字第2024QK7768号

出 品 人：柳青松
特约编审：赵　阳

出 版 者：北方联合出版传媒（集团）股份有限公司
　　　　　辽 海 出 版 社
　　　　　（地址：沈阳市和平区十一纬路25号　邮编：110003）
印 刷 者：辽宁新华印务有限公司
发 行 者：北方联合出版传媒（集团）股份有限公司
　　　　　辽 海 出 版 社
幅面尺寸：140mm×210mm
印　　张：10
字　　数：170千字
出版时间：2025年4月第1版
印刷时间：2025年4月第1次印刷
责任编辑：夏　莹　高福庆
装帧设计：杜　江
印制统筹：曾金凤
责任校对：张　柠

书　　号：ISBN 978-7-5451-7123-5
定　　价：58.00元

购书电话：（024）23284478　23267905
网　　址：http://www.lhph.com.cn
版权所有，翻印必究
法律顾问：辽宁普凯律师事务所　王　伟
如有质量问题，请与印刷厂联系调换
印刷厂电话：（024）31255233
盗版举报电话：（024）23284481
盗版举报信箱：liaohaichubanshe@163.com

成长
◎
系列丛书

——— 编委会 ———

主　　编　胡世宗

编　　委　（按姓氏笔画排序）

　　　　　王　玮　任铁石　佟丽霞

　　　　　赵　阳　柳青松　秦红玉

　　　　　袁丽娜　徐桂秋　谢学芳

成长 系列丛书

写在前面的话

时代有不同，精神在传承。

中华文明是世界上唯一绵延不断且以国家形态发展至今的伟大文明。在这条从未断流的文明长河里，有多少古圣先贤、志士仁人和现当代数不清的各行各业的优秀者，孜孜矻矻，自强不息，在精神上引领着中华民族，穿越数不清的苦难与险阻，最终铸就属于中国人的光荣与梦想。

作为时代的先锋和民族的未来，青年的成长成才关乎国家发展的大计。习近平总书记多次就青年一代的培养造就作出重要指示，强调要教育引导青年"正确认识时代责任和历史使命，用中国梦激扬青春梦"，并希望广大青年"扣好人生的第一粒扣子"，坚定理想信念，练就过硬本领，勇于创新创造，矢志艰苦奋斗，锤炼高尚品格，努力成为堪当民族复兴重任的时代新人。

人的成长成才是一个不断自我完善、形成价值认知、夯实人生根基，进而实现全面发展的过程。这一过程既需要主体的自我锤炼和砥砺奋进，也需要社会的多维力量作用、服务于主体。为此，我们策划、组织出版了面向广大青年读者的"成长"系列传记体文学丛书，选取现当代在文学、艺术、科学、教育等领域贡献卓著、成就斐然的知名人士，以翔实的素材和生动的笔触讲述他们的成长故事，梳理他们的成长路径和人生心得，意在以"过来人"的经验为青年朋友健康成长提供借鉴和启发，激励青年勇担时代责任和历史使命。

丛书围绕个人成长、家庭教育、师友影响、时代机遇等诸多角度全方位展开评述，真实客观地反映出主人公在人生各个阶段的成长轨迹，展现他们在赓续历史文脉、谱写当代华章的过程中，刻苦学习、矢志不渝、忘我奋斗、实现价值的成长历程，突出成长之路上的闪光处和关键点。深情回顾，娓娓道来，没有高高在上，没有凌空蹈虚，只有平等交流、真诚分享。

孔子说，"益者三友"，"友直，友谅，友多闻"，与正直的人、诚实的人、见多识广的人交朋友，必然受益。我们真诚希望青年朋友能够透过文字与优秀的前辈对话交流，在良好的阅读体验中吸取经验、获得启迪，不断茁壮成长。愿这套丛书能够成为青年成长之路上的良师益友。

一个伟大的国家，正是在一辈辈人的建设下，变得日益强盛。

一个光荣的民族，更是在一代代人的传承中，实现伟大复兴。

成长，成长，愿我们像种子一样，一生向阳，一生向上！

"成长"系列丛书编委会

2023 年 6 月

目录

目
录

011

李默然

简介

李默然先生为中国当代话剧、电影表演艺术家，1927年出生于黑龙江省。李默然曾任辽宁人民艺术剧院院长、辽宁省文联副主席、辽宁省戏剧家协会主席、中国戏剧家协会主席、中国文联第六届全委会副主席，中共十五大代表、中国人民政治协商会议第六至九届全国委员会委员。

李默然先生18岁开始登台表演，在半个多世纪的艺术生涯中，演出了60多部话剧、7部电影和5部电视剧，将60多年的金色年华奉献给了舞台，被称为"李派艺术的杰出代表""人民的艺术家"。他在经典影片《甲午风云》中塑造的爱国将领邓世昌的形象，激发了几代中国人的爱国情怀。他在莎士比亚经典剧目《李尔王》中扮演李尔，令世界瞩目，成为中国的"活李尔"！他后来相继主演的电影与话剧《兵临城下》《花园街五号》《报春花》等也都成为爱国主义的名作，深深地影响着亿万观众。李默然的表演气度恢宏、激情澎湃，

◎ 1996 年，李默然被授予"人民表演艺术家"荣誉称号

将本色与性格、生活与艺术等和谐统一、水乳交融，创造了长枪大戟、壮伟刚健的李派艺术风格，塑造了一系列不朽的舞台人物形象。

　　李默然先生 1956 年获得第一届全国话剧观摩演出会二等奖；1960 年，被选为全国群英会代表；1986 年，被中国戏剧家协会授予"话剧表演艺术家"称号，并获得"话剧终身荣誉奖"的殊荣；1996 年，辽宁省人民政府授予他"人民表演艺术家"称号；2007 年，获得国家人事部、文化部授予的"有突出贡献话剧艺术家"荣誉称号；同年，获得第十七届上海白玉兰戏剧表演艺术奖"终身成就奖"；2009 年，中国戏剧家协会授予他"终身成就奖"；2010 年，获得中国华鼎奖"观众最喜爱的老艺术家"称号。

◎ 家庭生活照

在戏院里度过苦难的童年，看戏，引发了他的兴趣，成了他早期的艺术启蒙。

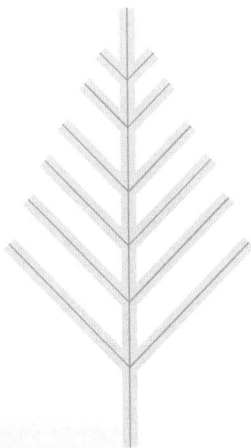

卖烟卷的小少年，
成了戏院里的痴迷戏童

黑龙江省尚志市一面坡镇，是个有故事的小镇，也是李默然出生的地方。

一面坡，原名叫唐氏参营。这个得名，与历史上的一个重大事件紧紧相连。

北宋靖康二年（1127 年），徽宗、钦宗两个皇帝成为金国俘虏，父子俩被金兵掳到一面坡东北方向的依兰。

一位姓唐的北宋将领带领 10 余名御林军，尾随押解二帝的马车，试图营救，也到达了依兰。然而，终因势单力薄，无力回天。他们只好带着沿途抢劫来的财物和女人，逃到了一条大河的岸边。

当地土著人战战兢兢地告诉他们，这条河叫蚂蜒河，是宋瓦江（今松花江上游，金代松花江下游称混同江）的一条支脉。战争时，这里曾是骑兵休息的地方。

这里四面环山，将一片土地紧紧抱在怀里。

这些御林军选择陡坡边上一块开阔地安营扎寨，过起渔猎和挖人参的生活。

周边的人们发现这股北宋皇室亲兵后裔之后，就叫这个地方为"唐氏参营"。

转眼几百年过去。到光绪元年（1875年），唐氏参营已成为有百十户人家的小村落。

由于唐氏参营的东侧有一面约50米长的陡坡，唐姓将领后人因为疾病和战祸全部消亡后，唐氏参营便改名为"一面坡"。

1927年12月21日，李默然就出生在一面坡镇一个回族贫民家庭。当时起的名字叫李绍诚，后来改为李默然。

李默然很小的时候，就听过父亲李瑞山讲一面坡的故事，他对这个戏剧性的故事充满好奇，他喜欢这个有故事

◎ 一面坡镇旧街景

的故乡。

李家的祖籍是山东省黄县（今龙口市）龙口。具体什么年代来到东北，李默然已经记不大清了。据老人们讲，是他爷爷那一辈人从山东过来的。

山东黄县李氏，从乾隆三十五年（1770年）就开始有人闯关东了。李默然先人这一支好像先是到的黑龙江阿城（今哈尔滨市阿城区），又从阿城辗转来到了一面坡镇。

李默然的祖父以宰牛卖牛肉为业，艰难地维持着全家上下20多口人的生活。

李默然的父亲李瑞山兄弟八人，李默然也是兄妹八人，他是最小的一个。他的父亲和母亲都是善良质朴的人，每

◎ 1986年，李默然在一面坡镇儿时的老宅子前留影

当有穷人要饭到家门口，李家必须给人家吃的东西，虽然家里也不富裕。这样的家风深深地影响着李默然。

在那个年月里，这样众多的人口，又没有殷实的家产，日子过得相当艰难，吃饭成了家里的头等大事。

祖父常常要借一笔钱，买回四五十头牛杀掉，然后再卖掉。用这笔钱还债，剩余的全家人可以勉强糊口。

日子，就这样勉勉强强地熬着。

不仅贫困和饥饿时刻在威胁着他们，还有战乱，还有疾病。

李默然出生后的第五个年头，也就是1931年，九一八事变爆发了，日本军队入侵东北，后来又成立了伪满洲国。他失去了故土，和东北人民一起沉入苦难之中。

本来就生活贫困的李家，日子更是雪上加霜。

第二年，也就是1932年，一面坡流行白喉病。这是由白喉杆菌引起的一种急性呼吸道传染病，病情严重的全身中毒症状明显，可并发心肌炎和周围神经麻痹，甚至会导致死亡。

李家由于生活困难，没有能力医治这种疾病，李默然的二哥、三哥、三姐先后被夺去了生命。

不久，病魔又盯上了6岁的李默然。几乎是在一夜之间，他全身就浮肿起来，肿得吓人，连大姐的衣服，他穿在身上也小了。他吃不下东西、喝不进去水，生命危在旦夕。镇上的医生都毫无办法。

年幼的李默然只好在痛苦中等待死神来临。母亲一边哭泣，一边轻轻地安慰他。李默然的目光里一片漆黑。

天无绝人之路。就在这个时候，父亲给他请来了一位老中医，名叫郭春三。郭医生白头发白胡子，仙风道骨。

他看了李默然的面色好久，又摸了摸他的前额，然后让他张开嘴，仔细看了看他的嗓子，又号了号脉。

沉思片刻，郭医生往他嘴里倒了一种神奇的药面儿，然后说："过几天看看吧，如果不出别的岔头儿，应该有救。"说罢，飘然而去。郭医生轻松的言谈举止，让李默然的父母心安了许多。

仅仅过了两天时间，李默然呆滞的眼珠开始转动了，咳嗽也渐渐减弱了，他能吃饭能喝水了，能下床了，他高兴得想跳。

李默然真就奇迹般好了起来。

父亲母亲非常高兴，父亲做出一个决定，让李默然认郭医生为干爹，以报答救命之恩。

在父亲的带领下，李默然带着礼品，认了这位郭医生为干爹。此后多年，李默然一直视干爹如亲生父亲，极尽孝道，直到老人家离世。

李默然被救活了，他的二哥、三哥、三姐却永远没有了。年幼的李默然常常站在家门口，想着他们带自己玩的那些时光，眼睛里不觉浸满了泪水。他想念爱他的哥哥姐姐们。

病虽然好了，可是，因为家里没有钱，不能供他上学读书了。

在家里没有什么事情可以做，他就像其他小孩子一样淘气玩耍。本来，祖父定的家规是很严厉的。在家里，大人孩子都要遵守一定的礼仪。

对东北盛行的二人转、大秧歌，祖父从来都是不屑一顾的。如果听见门口有吹吹打打的民间艺人经过，祖父是一定要把大门关得严严的。

可是，对李默然，一向疼爱有加的祖父却是网开一面。秧歌队来了，大门虽然关着，他却可以爬到墙头去偷看，祖父就睁一只眼闭一只眼。

民间艺人们塑造的那些生动的形象，还有那节奏、那色彩，都给他留下了深刻的印象。

旋律流畅、节奏欢快的东北大秧歌，给了李默然最原始的艺术呼唤。

12岁那年春天，家里终于有了一点点钱，可以送他上学校读书了。李默然怯生生地走进了一所小学。

他小的时候面容清秀，像个小姑娘，脑子也十分聪明，读过的课文，一般都可以过目不忘。另外，李默然特别有志气，他知道家里供他读书很不容易，都是父母省吃俭用才省出来的钱，所以学习加倍努力，成绩也就非常好。

学校的孙老师和张老师都特别喜欢他，认为他记忆力好、领悟问题快，将来一定会有出息。两位老师常常在放

◎ 旧时的一面坡街景——人们在泥泞的街道上交易

学后把他留下，单独给他做一些辅导。每次考试，他都名列前茅。

求知欲强烈的李默然，对功课特别感兴趣，别人休息的时候，他读书；别人玩耍的时候，他写作业。这样，他上学虽然晚了两年，但很快就追上了同学们。

直到这个时候，他才长出了一口气，心也不由自主地被大自然的风光吸引了。

蚂蜒河是松花江右岸比较大的支流，它是一条美丽富饶的大河。一面坡地处蚂蜒河上游，这里好玩好看的东西实在太多了。

蚂蜒河里有成群结队的鱼，银白色和纯黑色的，大的小的，欢快地随同河水一起向前游去。丰沛的河水滋润得四面的青山郁郁葱葱，山上山下长满了草莓、蘑菇和山梨。

放学的时候，同学们纷纷到河边钓鱼。李默然也去钓鱼，但他天性好动，不肯那么安静地坐着等鱼上钩。这样，他就很少有钓着鱼的时候，而同学们却是一条又两条、两条又三条地往上钓。他的心里很不服气。

14岁那年的春天，出了一回大事。

他看见小朋友们都钓上来鱼，活蹦乱跳的，便想上山摘野果去，和他们争个高低。他爬到山顶采野果。山上的草莓又大又红，看上去特别诱人。他正要伸手去摘下一簇最好的，突然，脚下一空，掉到了山下的火车道旁。

这一跤，摔得实在是太重了，他遍体鳞伤，昏迷不醒。小朋友们把他抬回家，他在家养了半年多的伤，才能够下地自由活动。

回到学校没有几天，家里又出事了。

李默然的爷爷突然去世，很多债主逼上门来讨债，来势汹汹，三句两句谈不拢，他们就红着眼睛开抢，有什么拿什么，几乎是一夜之间，仅有的一点可怜家产就荡然无存了。

屋漏偏逢连夜雨。做火车司机的哥哥，因为不肯巴结日本人，居然被开除，失业了。这样，家里的生活变得更糟了，全家人连吃饭都成了难事。父亲含泪看了李默然许久，一句话也没有说出来。

李默然从父亲的眼神里看出来，家里再也没有能力供他读书了。

几经研究，父母做出痛苦的决定——全家搬出小镇，去牡丹江谋生。

他曾经想通过读书改变自己和家庭的命运，可现在，这个梦想破灭了。

犹豫了好长时间，李默然来到学校，面对孙老师，他犹豫了半天，终于说出了那句话："老师，我要退学了……"他的内心特别痛苦，低着头，不敢看孙老师。孙老师听了，十分惊讶。

李默然轻轻关上老师办公室的门，低着头跑回了家。

晚上，孙老师和张老师一同来到他家。孙老师对李默然的父母说："这孩子非常聪明，将来肯定会有好的前途的，这书可不能不让他念哪。"李默然的父亲叹了一口气，无奈地说："没有办法，我们确实念不起了，但凡有一点办法，我们也不会让孩子退学，而且，我们……我们也要离开一面坡了。"

李默然在旁边一声不吭。他看到孙老师眼里有惋惜，他的眼睛慌忙去看别的地方。那时他的脑子里一片空白，不知说什么好。他甚至连一句"再见"也没有说，就和两

◎ 1986 年，李默然在一面坡镇儿时的小学校前留影

位敬爱的老师分手了。多年以后，他回忆起这个难忘的细节，还是感觉非常遗憾。

背井离乡，李默然一家走出一面坡镇，向他们希望能有出路的牡丹江市走去。

牡丹江，发源于长白山脉的白头山之北牡丹岭，流经吉林省东北部和黑龙江省宁安、牡丹江、海林、林口、依兰等县（市），在依兰县城西注入松花江。历史上，牡丹江的名字几经改换，但大都为音似字异，都是女真语"弯曲"的意思。近代早些时候，牡丹江成了火车站的名称，后来叫来叫去，干脆就叫成了地名。

交通枢纽的地理位置，使牡丹江成了黑龙江省除哈尔滨、齐齐哈尔之外，又一个政治、经济、文化重镇。

1941年11月，在一个寒风凛冽的早晨，李默然和家人一起走进了牡丹江市。

年幼的李默然好奇地打量着这座城市，打量着大街上张贴的各类广告，其中戏剧、电影的广告最吸引他，他喜欢看广告上神态各异的人物形象。

在他看来，牡丹江比一面坡大多了，也繁华多了。

这时，他对这个城市只是好奇，还不知道这里将是他戏剧人生的起点，甚至不知道话剧是什么。

好奇的同时，他幼小的心灵也有一丝丝的疼痛。

背井离乡让他痛苦，更让他痛苦的是，他再也看不到爱他的老师和同学了，他再也不能走进教室了。他要找点事做，挣钱养家糊口。

故乡的青山绿水、故乡的红草莓、故乡的老师同学，依次在他脑子里浮现。有好几次，他似乎听到了蚂蜒河的涛声，青蛙和蟋蟀的叫声，那么亲切，那么熟悉，仿佛在呼唤他回去。但是，他还是擦擦眼泪，和大人们一起向前走了。

不知不觉，天下雪了，雪花飘飘，越来越看不清前面的路。

牡丹江虽然比一面坡繁华，但对于一贫如洗的他们一家人来说，在这里讨生活也并不容易。

到了这里，钱更加难挣，生活更加艰辛。

几经周折，在朋友的介绍下，父亲好不容易找到一份给人家赶马车的活。这个活又脏又累，收入却十分微薄。父亲每天披星戴月地做，挣的钱仍然不够养活一家老小。

没有办法，年仅 14 岁的李默然只好出去卖香烟、卖火柴，他要为父母分担家里的重负。

每天，他早早起来挎着篮子，来到日本人开的商店买香烟。香烟属于专卖品，日本人不允许私人上街叫卖。为此特别规定每人一次只能买两盒。如果发现有人私自贩卖，那就要从重处罚。

可为了吃饭，明知危险也还是要冒险。少年李默然从这时开始学习坚强生活。

他学着其他小贩的样子，绕着圈排队，试图多买几盒香烟。

一个早晨下来，他最多可卖掉 20 盒。而每卖掉一盒烟就能挣两分钱，幸运的话，全天下来能挣上 4 角钱。当时，一角钱可以买 5 个烧饼。

"我总算能帮上家里一点忙了。"李默然这样想。

为了逃避日本人的苛刻检查，妈妈特意在棉衣里边为他缝了个长长的口袋，他就学着别人的样子，把香烟藏在里面，偷偷地跑到戏院里去售卖。

夏天来了，棉衣不能穿了，他就只好穿长褂子。无论多么热的天，他都不敢脱下来，因为长褂子里面藏着香烟。

李默然的香烟生意，主要是在牡丹江繁华的东安市场里进行。这里除了鳞次栉比的商铺外，还有众多的戏院、电影院和说书的书场。

李默然瘦弱的身影，就在这些地方跑来跑去。

他的戏剧人生，就是从看戏开始的。

戏院，向年少的李默然展开了一个色彩缤纷的世界，他几乎可以天天跑到里面去看各种各样的演出。

舞台上的戏剧表演，深深地吸引了他。

他总算找到了乐趣。生活的苦难与艰辛，在这样的乐趣里一点一点得到缓解和冲淡。

那时候的戏院，可以先听先看，然后再付钱。演员唱了一段之后，就会走到观众席里一一收钱。李默然哪里有钱，他只好偷听偷看。演员收钱的时候，他就跑到厕所里躲起来。演员也比较厚道，看他是个小孩子，一般也没人跟他较真儿。

这样，从 14 岁到 16 岁，他听了数不清的评书、大鼓、河南坠子，作品有《三国演义》《隋唐传》《杨家将》《水浒传》《七侠五义》《三侠剑》《雍正剑侠图》《狸猫换太子》《铁公鸡》等，他都听得滚瓜烂熟。

这些作品，基本上都是表现英雄人物的，李默然英雄情结的起点应该就是在这里。

听书不过瘾，他还到旧书摊上去买原著回家自己看，开始了他文学课的自修。

《水浒传》由于宣传"造反"的事，当时日本人把这部书列入禁书，不允许公开出售。李默然去买这本书时，商贩偷偷地从柜子里拿出来卖给他，他再偷偷地收好拿回家。

夜深人静的时候，李默然在枕头边上点起个小蜡头，然后，一个字一个字地读起来。对这个只读了 3 年零 8 个月小学的孩子来说，书中差不多有三分之二的字不认识。好在他听艺人们讲过，故事都熟烂于心，因此他可以把文字一点点地顺下来。

中国的古典小说，就这样被他一本一本地顺读下来。天长日久，他熟悉了中国古典小说中的众多人物，特别是那些英雄好汉的形象，这对他后来塑造英雄形象起到了开蒙的作用。

除了听书，还有更让他着迷的，那就是戏院里演出的京剧。

在牡丹江的舞台上，唐韵笙、李鑫培、筱万武、刘瑞轩等名角都来演出过。李默然在那里"蹭看"了当时的各大名角的代表作。

看戏的时间长了，李默然的戏瘾越来越大，并萌生了看戏不如演戏过瘾的想法。李默然的经历再次证明了"兴趣是最好的老师"。

每天卖完烟卷收工回家，李默然便开始练习"演戏"。

他和小伙伴们一起，模仿名角儿的样子，演了《武家坡》《二进宫》《辕门斩子》，甚至像模像样地演出全本的《大登殿》。这出戏是以唐朝保家卫国大英雄薛仁贵的故事为素材改编的，不过在戏中薛仁贵被写成了"薛平贵"。现在看来，李默然喜欢演英雄应该是从这时候开始的。

因陋就简，土法上马。没有道具，李默然把树棍子当马鞭，把玉米须子当胡子塞进鼻子里。然后，一招一式都摹仿那些当时京剧界的大腕，演得像模像样。小伙伴们心甘情愿地给他跑龙套。在街坊邻居和亲戚们中间，他的演出很受欢迎，大家都爱看他的表演。

李默然很细心，他收集了很多"四大名旦""四大须生"的图片和文字材料，从中揣摩这些名演员的表演特点。

少年的他已经养成了做事认真的习惯。这为他后来取得巨大成就奠定了良好的基础。

关于李默然的认真，我们后面还有更多故事要讲。

应该说，他从这时开始瞄准了表演。

14岁那年，他独自一人为大姐全家唱了全本的《武家坡》，他一人身兼两个角色，既演薛平贵，又演薛平贵的妻子王宝钏，既是老生又是青衣。从《彩楼抛球》到《算粮登殿》，一出戏也没落下。

李默然的"演出"，让大姐一家人大吃一惊，谁也没想到他竟演得这么好！大家为他高兴啊，使劲儿给他鼓掌。

这是李默然平生第一次听到热烈的掌声。在那个瞬间，他觉得他的生命属于表演，只有在演出时才能放出光芒。

也就是从那一天开始，李默然做起了演员梦。"总有

◎ 李默然（右一）与家人的合影

一天，我要正儿八经地上台演戏。"他这样痴痴地想。

心里总想着评书和京剧的事，做着当演员的梦，他对日本警察的警惕也就放松了。

有一天，厄运降到了他的头上。

那天上午，李默然正在叫卖香烟呢，一个日本警察跟了上来。他抬腿就跑，刚跑进厕所，就被日本警察提着衣领拎了出来，重重地摔在地上，随后又把他拽进了警察署。

日本警察一屁股坐在凳子上，一只脚放在桌子上，用手指着墙角的炉筒子，说："把这个烟筒给我打扫了，快去！"李默然不敢怠慢，他忙把烟筒卸下来，扛到院子里打扫干净，又把烟筒扛回屋子里准备安上。

就在他系铁丝的时候，一截儿炉筒突然掉下来砸在了日本警察的身上。日本警察像猎狗一样跳了起来，照着李默然的脸就是一拳，他感到一阵剧痛，左边的两颗牙齿掉了下来。

日本警察还嫌不够，又吐了李默然一脸的唾沫，这才怒喝一声："滚！"

回到家里，李默然流着眼泪和父母讲了这个遭遇。他说："爸，妈，我再也不去卖烟卷了。"哥哥心疼地搂住哭诉的弟弟，说："咱不卖了，哥拉三轮车照样养活你。"李默然听了，摇摇头。他不想白吃饭，他要为家里做事，为大人分忧解难。

想来想去，李默然来到一家日本人开的拖鞋厂做小工，每天负责往商店里送木拖鞋。可是这个收入仍然不能糊口。16 岁那年，他又兼职做起了力工。每天早晨，到工夫市去扛 100 多斤重的麻袋。两份工作加在一起，才能勉强帮助家里应付日常的开销。

在苦难的日子里，李默然仍然痴情于戏院里那些精彩演出，一有时间就钻进去看，如醉如痴地做着自己的表演梦，生活的痛苦在这样的梦想中得到了些许的减轻。

1944 年的一天，李默然花一角钱买了张电影票，去新安电影院看了平生看的第一部电影，这部电影的名字叫《回春曲》。

看着看着，他震惊了，天哪，世界上还会有这么好的艺术！在一块大银幕上演故事，跟真人真事一模一样。这种对生活复制并提升的艺术，让他产生奇异的快乐感，他忍不住在电影院里手舞足蹈地模仿起来，并且学着片子里人物的语气，念起台词来。电影是刘琼导演并主演的，看得李默然如醉如痴，他在心里说："太好啦，有一天我要像刘琼那样演电影，演一个正面的好人、演一个为国为民的大英雄……"

从那天以后，稍有余钱，他就去电影院看电影，影片里的好多台词他都能背下来。

是刘琼让李默然认识了神奇的电影，并为此着迷。19年后，李默然成为中国电影的扛鼎人物。

1985 年，李默然在广州参加电影表演学会成立大会。

会上，他见到了"启蒙老师"刘琼。

李默然主动上前与刘琼握手，谈了电影《回春曲》当年对自己的影响，并且向这位大自己 15 岁的老大哥表达了感激之情。

刘琼当然知道李默然这位后起之秀对中国电影的重大贡献，他笑着说："谈不上老师，我们互相切磋吧。你演的邓世昌是不朽的。"说罢，两人亲切地合影留念。

看了刘琼的电影《回春曲》之后不久，李默然又看了一部由著名话剧演员王人路主演的话剧《归去来兮》。

王人路在《归去来兮》中真挚生动的表演，让李默然第一次感受到了话剧的魅力，而且这种魅力是那样强烈地吸引他，让他无法拒绝，只能跟着这种魅力奔跑。他感觉自己的魂儿被吸走了，"同样是说话，台上的人一说，台下就静下来，然后就爆发掌声，那些话为什么能钻到人的心里去呢？"

这一部电影和一部话剧，使李默然的演员梦更加炽热了。他感到表演艺术简直太神奇了，居然可以把生活再现得那样的逼真。"'装龙像龙，装虎像虎'，多好哇……人总是在银幕上舞台上蹦来跳去，一会儿哭一会儿笑的，太好玩了。如果我也能这样，那该有多好哇！"少年李默然常常这样痴痴地想。

1945 年春天，李默然在牡丹江邮政总局找到了一份邮差的工作。

生活终于有了点新鲜味道，邮差有辆自行车骑，他飞驰于牡丹江的大街小巷，压抑的心情得到一点释放。

万万没有想到，这份工作成了他实现演员梦的跳板，成就了他若干年后别开生面的辉煌。

李默然是有备而来的。如果从 14 岁学习演《大登殿》《武家坡》开始算起，那他已经足足准备了 4 年。是的，这一年他已经 18 岁了。

这 4 年的准备，虽然缺乏正规的训练，但都是表演的实战，对他的未来发展十分重要。比如说，他基本上完成了演员必备的"解放天性"的素质培养——就是打开自我屏障，站在舞台上面对观众不但不紧张，反而可以真实而自然地进行表演。人越多，他越能旁若无人。

一个戏童长大了，他正向着中国表演艺术的舞台大踏步走来。

18岁，他参演话剧《保险箱》，一句台词让他一炮走红，轰动了牡丹江，人们惊呼："一个话剧天才诞生了！"

- -

探索成长之路，解读智慧人生，
本章内容，扫码收听。

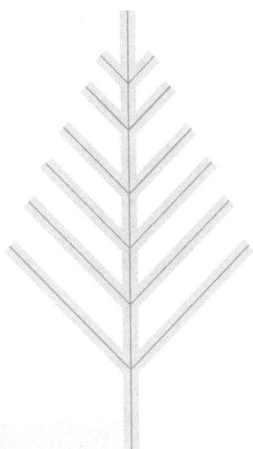

第二章

登上舞台，《保险箱》里
跳出来个话剧天才

1945 年的夏天，李默然到邮局上班不久的一天中午，无意中走到了一间屋子的门前。他在这里发现了一个让他惊喜的秘密，一个决定他未来的秘密。

这是老员工李克锐和李季的宿舍。

已经对戏剧十分敏感的李默然，敏锐地听出屋里面好像有人在演戏。

他好奇地隔着木栅栏往里看，秘密看出来了，天哪，竟像是在排话剧的样子，细一看，那就是话剧呀，就是王人路演的那样的话剧呀！

是的，李克锐、李季在指导牡丹江邮政总局业余剧团青年文化剧社的人排练话剧。

李默然的心忍不住狂跳起来。

李默然不敢耽误工作，偷偷看了一会儿，强忍住激动的心情，悄悄地走了。但那个神秘的小屋强烈地吸引着他。

从那天开始，只要一有空闲，他就要来到这个小屋门前，顺着门缝偷偷看人家排练。看的时间长了，眼睛疼了，脖子酸了，他也不在乎，仍然目不转睛地盯着。本来他记性就好，没有几天的工夫，那部剧的全部台词，他都能背下来了。

有一天早晨，李默然在大厅里一边擦地板，一边嘴里说着那出戏的台词。

恰好这时，迎面走来一个30岁左右的男人，个子不高，面色黝黑，目光里充满热情。来人正是剧团的导演李季。他听了李默然旁若无人的念叨，愣了一下，打量了李默然许久，似乎要在这张英俊的脸上寻找什么。

18岁的李默然，身高1.80米，浓眉大眼、高鼻梁，脸膛宽阔，棱角分明，动如奔马、声如巨雷，一副十足的男子汉形象。

李季带着惊讶匆匆地走了。

李默然一心工作，并没有留意到李季的表情。

到了中午，李默然又去那个神秘房子的门前偷看他们排练。就在这时，李季推门走了出来，微笑着对李默然说："你好像每天都在外面看，是这样吗？"李默然有点紧张，他点点头，并不敢正视李季，脸也有点发热，好像自己做错了什么事。

李默然的表情被李季看得一清二楚，他一点也没有怪罪这个青年的意思，反而亲切地问："有好几回，我听见你在嘟囔我们的台词，你是从哪儿弄来的剧本呢？"李默然搔搔脑袋，回答说："剧本？什么剧本？我没有哇，我

是看你们排练时记下来的。"李季愣了，他又看了一眼李默然，问他："你愿意来我们剧团吗？"正是这句话，把李默然推到了中国话剧与电影的舞台之上。

千里马遇到了伯乐，李季是中国话剧与电影的功臣。

苦苦梦想当演员的李默然，不敢相信这是真的。他愣愣地看着李季，半晌之后，才胆怯地问道："您说什么？"李季笑了，"我是问你愿不愿意参加我们的剧团。"李默然这回听清了，他跳起来，兴奋地说："我愿意，我太愿意了，叫我演啥都行啊！"李季说："那好，你来吧，我们欢迎你。"

李默然与中国话剧的旷世情缘就从这一天开始了。

当时，青年文化剧社排练的，正是他们自己创作的宣传储蓄的话剧《保险箱》。

李季领着李默然进了屋里。

"各位，这是小李，我们的新朋友，他喜欢演戏，让我们欢迎他加入我们的剧团。"

李季向大家介绍李默然，他很礼貌地向大家点头微笑。

演员们都是青年，他们热情地拥抱了这个帅气的小弟弟。

"你就演这个……"李季指着剧本上的一行字，让他

◎ 18岁的李默然

坐下。李默然仔细一看，只见上面写着"行长家的老仆人"。他看了这话，有点发愣，李季解释说："就是侍候行长的……"李默然点点头。

原以为能给个主角演呢，却不料只是个跑龙套的配角。李默然的心里多少有点发凉。

李季看出了他的心思，笑了，说："你就演这个角色，戏虽然不多，但很重要，回去准备一下。明天晚饭后，你就过来参加排练。你放心，演好了，以后有机会我会给你主角演。"

"好的，明晚我一定来。"

虽然只给个配角，但他总算可以上舞台了。这时的李默然，心里就像亮起一盏灯。他拿起剧本，一路飞跑回了家。

这是一个多么激动人心的夜晚哪！

家里人已经把饭做好了，母亲叫他吃饭，他就像没听见一样。再喊，他说："你们先吃吧，我不饿。"母亲怜爱地看看他，并没有说什么。4年前刚来牡丹江的时候，这个儿子还是个瘦小的孩子，现在已经长成大小伙子了，而且那么高大英俊，当妈的心里甜哪。

李默然全心全意地看那个小剧本，仔细寻找属于自己的台词。他找了半天，整个一场戏过去了，也没有看到"仆人"的台词。又回过头来看一遍，好不容易在第三幕第一页上看到这样的文字——行长家客厅，仆人正打扫客厅。少顷，行长上。仆人："老爷，您回来了。"

对，就是这一句台词。

李默然心说："一句就一句，让我上台就行！"

他一遍又一遍地念这句台词。母亲多次催他吃饭，他都像没听见一样。家里的人都睡了，他一个人还站在地上念那句词。他没有告诉母亲他要上台演戏了，想给母亲一个惊喜。

终于，他按照自己的理解，念出了自己认为精彩的老仆人的台词。他这才草草地扒拉几口饭，然后甜甜地睡去。

第二天整天，他都沉浸在难以抑制的快乐中。走路像飞一样，送邮件时，自行车更是骑得飞快。风在耳边吹起他的头发，他感觉真像飞起来一样。

1945 年 7 月 4 日晚，李默然第一次参加话剧《保险箱》的排练。

他走进了那个小屋。

导演李季冲他轻轻一摆手，说："开始吧。"

按照剧本提示，李默然开始一丝不苟地做戏。

他先是拿着笤帚把地扫一遍，扫完了，又拿抹布擦桌子，然后擦碗、擦壶。李默然很机灵，他一边做着这些动作，一边用眼睛溜着李季，观察导演的反应。

李季面带微笑，眼睛里似有许多赞许。

李默然明白了，导演对他的表演基本是满意的。他心里有底了，紧接着又即兴做了一个动作。他顺手从地上捡起一根木棍当掸子，在桌子上掸来掸去。

这时，李默然的"戏"从天而降。他忽然学着老年人的步态，慢悠悠地走到后面，举着棍子向空中晃了晃，像是要去掸窗子上的尘土。

这神来之笔，直到后来好多年李默然仍觉奇怪，它怎么就飘到脑子里来了呢？

其实，这就是他长期看戏琢磨戏的结果。戏，常常就是细节的细致，贴近生活，而且极具味道。

李季愣住了，瞪大眼睛，津津有味地看。事后，他问李默然："你是用多少时间设计这个动作的？"李默然愣愣地问："设计？什么设计？"李季以为他是客气，也就不再细问。但李默然当时真不知道演戏还要有什么设计，他只是觉得这样演更细致更生活化。

李季扮演的银行行长上场了。

李默然恭恭敬敬地迎上去，学着刘琼在《回春曲》里演的那个老头儿的样子，弯着腰走向李季，把声音压得很低，还略带一点沙哑的颤音，他说："老爷，您回来了！"声音一出，他的自我感觉非常好，李季和在场的其他演职人员也都觉得他演得很妙。

"这小伙子是从哪儿来的？"

"他很像先前练过的呀。"

大家交头接耳地议论。

第一次排练，李默然的戏顺利通过，这出乎所有人的意料。

1945 年 7 月 26 日，李默然正式登台演出，地点是牡丹江市新安电影院。

新安电影院是当时牡丹江最大的电影院，它位于东新安街以北。场内两层，座席 1200 个，主要以放映电影为主，偶尔演京剧或话剧。

台下，是黑压压的观众；台上，是剧组里的同事、编剧、导演、演员。

真是有些神奇呀，初次登台的李默然，竟会那么从容、那么镇定，用他自己的话来说，是那么旁若无人地演了那个老仆人。

这是他塑造的第一个舞台形象。

一个只有一句台词、几个动作的老仆人，让李默然演得那么细致入微、那么准确到位。角色小，戏份儿却做得十足，他几乎成了全剧最抢眼的人物。

台下，不时爆发出如潮的掌声。

话剧《保险箱》在牡丹江大获成功。

邮政业余剧团的全体同人对他刮目相看，在欣喜的同时，也不吝溢美之词，称他为"天才"。年少气盛的李默然也禁不住夸口："我本来就是个天才的演员。"

天才吗？是有的。但他当时并不知道，自己距离成功还有多么漫长的路要走，一条艰辛又痛苦的道路，在前面等着他呢。

1945 年 7 月末，李默然参演了第二部话剧《流尽最后一滴血》，他在剧中扮演一位老医生。依然是个跑龙套的角色，但他演得味道十足，深深地吸引了观众。

这年的 8 月 15 日，日本投降了。举国上下一片欢腾，到处都是盛大的节日气氛。

李默然和全国同胞一样，欣喜若狂。是的，他不再是吃不上饭、穿不上衣，被日本警察凌辱的可怜的小商贩了。他不再是亡国奴了，他又回到了祖国的怀抱！

除了上街游行、放鞭炮之外，当他想再做点什么的时候，导演李季上门来找他。

为庆祝中国人民抗日战争胜利，李季等人很快创作出了一部大戏《风雪之夜》，并在 1946 年 4 月开始彩排。鉴于李默然在《保险箱》中的出色表演，在《风雪之夜》这部戏里，李默然被李季指定演一个重要人物，一个戏份儿很多的大资本家。

接到邀请，李默然高兴得不得了。他立即投入角色的创造中，按照自己丰富的观赏经验和有限的表演经验，开始背台词、走场、排练。

1946 年，话剧在牡丹江流行不过四五年时间，没有什么具有影响力的作品，剧本流于一般，演员也没有震撼级的人物，但李默然在舞台上的出现打破了这种沉闷。

《风雪之夜》正式上演，李默然那高大健壮的形体、声若洪钟的念白，令人耳目一新，征服了牡丹江的观众。

大幕落下，掌声排山倒海般响起来。

从那一天起，李默然拥有了相当多的粉丝，开始在当地演艺界小有名气。

青年李默然面对掌声和鲜花，不觉有点飘。他天真地认为演戏很好玩，很容易。"不就是背背台词，演老人把腰弯下去，声音粗一点；演青年人，身子挺起来，声音细一点，然后再比画那么几下子吗？这有什么呀？"他这样想。

他哪里知道，初出茅庐的小小成功，不过是艺术女神向他微笑一下而已，因为他确有天分被艺术女神看中。然而，也只是看中而已，想要成名成家，那条路可长着呢。

李默然的父母为他的进步而高兴。两位老人都没有多少文化，可是，他们身上有着朴素的善良的品德。父亲对儿子千叮咛万嘱咐："你是做了点事，可是，你一定要注意，你的路还很长。你要多学习，要谦虚。现在你长大了，你要处处好自为之。"母亲对他说："好好做人，比什么都重要，人要正啊，走遍天下都不怕。"

李默然出身平民家庭，没有什么可以依赖的背景，只有父母淳朴善良的品质可以继承，他将凭借这个一步一步实现他的逆袭。

父母的这些话让李默然受用一生。

1947年，党领导的东北文艺家协会文工团招收演员。一首《白毛女》的独唱虽然跑了调儿，但表情与动作准确，领导对他说："回家取行李！"

　　在文工团里，他锁住了唱歌的调门儿，也锁住了爱情。

探索成长之路，解读智慧人生，
本章内容，扫码收听。

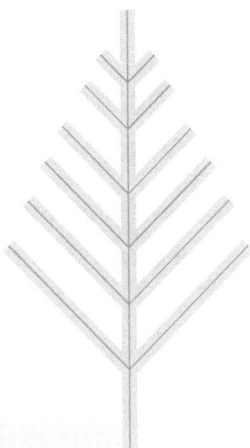

第三章

投身革命，文工团的
"跑调大王"变成了"男一号"

1947 年 3 月，李默然即将年满 20 周岁。

这一年的春天，东北作家群中的舒群、罗烽、白朗从延安来到哈尔滨，组建了东北文艺家协会文工团。

东北作家群是一个东北革命作家群体。九一八事变后，一群从东北流亡到关内的文学青年，在左翼文学运动推动下，自发地开始文学创作。他们的作品反映了处于日寇铁蹄下的东北人民的悲惨遭遇，表达了对侵略者的仇恨、对父老乡亲的怀念、对早日收复国土的强烈愿望。作品具有粗犷宏大的风格，写出了东北的风俗民情，具有浓郁的地方色彩。

为了壮大艺术实力，东北文艺家协会文工团要面向社会招收演员。

看到招聘广告，李默然从牡丹江兴冲冲地跑到哈尔滨，找到文工团所在地报名应试。

主考官看了看这位高大英俊的小伙子，满意地点点头，李默然当时不大明白，这其实说明他的面试过关了。

接着，主考官拿来小提琴，拨响第四根弦，对他说："这是'SO1'，请你模仿唱出来。"李默然有些犹豫，但还是放开喉咙准确地唱了个"SO1"。当主考官又拨动第三根弦时，他就紧张了，他过去根本没见过小提琴，不知道第三根弦是什么音。他看了主考官，索性又唱了个"SO1"。当人家拨响第二根弦、第一根弦时，他头发胀心发慌，便又连连唱了两个"SO1"，他这样的发声，把在场的人逗得哄堂大笑。

主考官说他五音不全，但心里对他几近完美的形象还是颇为满意。想了想，主考官又让李默然做戏剧表演，他希望再给李默然一个机会。

李默然一听，心想，胜败在此一举了。好在他看过歌剧《兄妹开荒》和《白毛女》。于是，面对十几位考官，他大胆地唱了《白毛女》中杨白劳的唱段，"卖豆腐攒下了几个钱……"尽管他五音不全，歌唱得不在调门儿上，但感情真挚、动作准确，具有一定的感染力。

主考官满意地点点头。

演员最重要的是表演要有真感情啊，这个李默然有，而且很充沛，这就足够了。

那个年代，特别欢迎有志青年走进革命的队伍，特殊人物特别对待，文工团的大门向李默然敞开了。

"快回家取行李，搬来住！"主考官对他这样说。

"好的！"李默然兴奋地回答了一声，飞快地跑了出去。

从这一天开始，李默然正式加入了革命队伍。

李默然回到牡丹江的家里，对父母说："爸，妈，我考上文工团了，我可以专心演戏了，我还可挣点钱给家里。妈，快给我准备行李，我明天要去报到。"父母听了，高兴得说不出话来，母亲擦把喜泪，开始为他收拾行李。

第二天，李默然起大早又从牡丹江跑回了哈尔滨。

李默然走进了文工团，崭新的生活开始了。

团里实行供给制，除了管吃管穿管住，每月还能发点零用钱，李默然可以衣食无忧了。更让他高兴的是，在这里他可以全心全意地演戏了。

文工团带有军事化性质，纪律严明，饮食起居一律有规矩。这些李默然都能做到。文工团还提出要"一专三会八能"，即要求演员当多面手，秧歌剧、话剧、大合唱、乐队、写标语，样样精通。李默然也能做到，他聪明伶俐，凡事一学就会。

"一专三会八能"没有难住他，很快，他真就成了团里的多面手。他率真热情，团里的人从上到下都喜欢他。

1947年春天，东北文艺家协会文工团排演了苏联小说家、诗人、剧作家西蒙诺夫的话剧《俄罗斯问题》。

在研究这部戏的主要角色麦克非森时，从延安来的团长张凡夫端详了李默然半天，说："小李，你来演麦克非森，我看你行。"李默然高兴地接受了任务。

西蒙诺夫在 1946 年创作的剧本《俄罗斯问题》，意在揭露美国统治集团发动新战争的企图。

尽管麦克非森是一个反面人物，但这是李默然平生第一次当主角，他非常认真地接受了这个角色。

他反复研读剧本之后，写了一篇短文《我怎样认识麦克非森》。他在文中写道：

"第二次世界大战结束后，美国反动派想尽各种办法，用卑鄙无耻的手段鼓吹'第三次世界大战'，尤其对现在世界民主阵营的堡垒苏联，他们更是加以诽谤，向美国人民灌输反苏毒素。美国的报纸就成了他们反苏的有力工具之一。

"麦克非森是纽约一个大报馆的社长兼总编辑。他顽固地执行反苏的任务。他的报纸上每天都有反苏的内容，暴露出美帝国主义侵略政策的狰狞面目。

"他用他的两样法宝——金钱和势力，控制了他手下的所有编辑、记者，使他们不得不昧着良心去写诽谤苏联的东西。他要挟记者史密斯到苏联去，写一本反对苏联的书。因为史密斯参加过盟国战地记者团，他写过苏德战争时苏联英勇作战的真实报道，他那本书得到了美国人民的拥护和好评。麦克非森就要借着史密斯在人民中的威信，传播他自己的反苏毒素，以便在国会选举上给反动派形成有利局面。

"后来，当他看到史密斯写的和他所预料的完全相反时，他狰狞的面貌便更为露骨了，他威胁出版家凯斯乐，不让他出版史密斯的书；他让史密斯的朋友威廉士不敢在报纸上发表史密斯的作品。

"这个阴险、毒辣、狡猾的麦克非森，是华尔街老板们的忠实走狗，他的肖像，是美国战争贩子的缩影。"

客观地讲，这篇短文对麦克非森的分析认识是准确的，而且文字表达也生动形象。从这篇文章的行文来看，李默然的写作已经达到了一个相当可以的水准，可见他平日里在阅读、写作方面所下的苦功。

但认识归认识，实践归实践，认识和实践中间仍有距离。在这个阶段，李默然的表演仍处在渐变的过程中。

在这部戏中，他没有更多新的突破。只不过是按导演的要求，贴了个假鼻子，染了黄头发，动作上加了外国人惯用的耸肩膀和左右摇摆头部。因此，他没有收到预期的热烈掌声。

这是他戏剧生涯中为数不多的反派角色之一，演完也就演完了，并不被同行与观众认可。一方面是他当时的表演还没有进入更高一级的境界，另一方面他也确实不大适合演反派。此后的一些年里，他又试图演了几次反派，也都不大成功。他气质里的那股英雄气很难在表演中完全消失。

李默然有些苦恼，甚至还有些灰心。

这时，团长、革命文艺家张凡夫的大手拍在了他的肩膀上，对他说："抬起头来，不要灰心，我相信你是个好演员！"那一刻，李默然感到浑身再次充满力量。

他知道，攀登艺术高峰不会一路坦途，肯定会遭遇挫折，但是他不怕。他有党撑腰，有这么好的艺术团体作后盾，他一定要成功！

1947年10月，在解放区哈尔滨的大光明影剧院，文工团为农民演出了歌剧《血泪仇》。

在这部剧里的表演，李默然虽然感情真挚，但艺术上仍有不尽如人意的地方，仍有他无奈的短板。

那就是他的歌唱得不够好，他不但不识五线谱，连简谱也不认识。而且，他唱起歌来还时常跑调儿。幸而他演的是只有四句唱词的国民党黄副官，淹没在众人的歌唱之中。但跑调儿是顽固的，他每次都是滥竽充数糊弄过去。

1948年11月2日，沈阳解放。11月3日，李默然所在的东北文艺家协会文工团就跟随四野的大军进入沈阳城。离开哈尔滨之前，他回到牡丹江，与父母告别。

父亲看了看高大帅气的儿子，说："你走吧，好好走你的路，你能行！"

母亲说："还是那句话，做个好人比什么都好。"

李默然含泪离开了两位老人，离开了自己的家乡。

1948年冬，李默然和文工团一起，来到了东北第一大都市——沈阳。

著名话剧导演刘喜廷第一次看到李默然，心里一震。他后来说："这个演员自然条件太好了，大高个儿，浓眉大眼，棱角分明。我当时就想，这个李默然将来一定会有大发展。"由此可见21岁的李默然是多么光彩照人。

此后，李默然在这座历史文化名城里一住就是60多年。他的追求与探索，他的梦想与辉煌，都与这座城市紧密相连。

那么，当时辽宁的话剧是怎样的状态呢？

1910年，同盟会成员、著名戏曲活动家刘艺舟由关内来到辽阳，演出了话剧《哀江南》和《大陆春秋》。这标志着话剧进入了辽宁。

在此后38年的历史中，辽宁绝大多数话剧人在极其艰苦的环境中，创作了一大批"启蒙人民，打击敌人"的进步戏。但就整体艺术水平来说，还很难与北京、上海、天津等地的话剧抗衡。

李默然所在的文工团开进沈阳城，标志着辽宁话剧的黄金时代启幕了。

1949年初，文工团在沈阳中街光陆电影院演出歌剧《血泪仇》，这是李默然第一次在沈阳城的舞台上亮相。尽管他那时唱歌还不时地跑调儿，但他的形体与台词表演还是很受欢迎的。这年5月，他被任命为文工团戏剧队副队长。

转眼到了1949年的冬天，大型歌剧《纪念碑》的排练开始了。李默然在剧中扮演的是男二号"唐父"，有多段独唱。

这回他想蒙混过关是不行了。于是，解决李默然唱歌跑调儿问题，成了排练工作中的重中之重。经过反复考量，剧团领导决定，请乐队指挥龙潮负责辅导李默然，帮助他把调儿找回来。

龙潮出身书香门第，又是那个年代少见的女大学生。她美丽端庄，举手投足间透出一种高贵典雅的气质。她比李默然早进文工团半年，音乐素养很高，乐队排练时，谁演奏跑了调儿，她指挥棒轻轻一挥，就能准确地点出来。

龙潮愉快地接受了组织上交给的这项艰巨任务。

两个人之间的教学活动开始了。

龙潮教得非常认真。她让李默然一句一句跟她唱，一点一点认谱子。李默然学得也十分刻苦。可是，调儿还是照跑不误。他一开口唱歌，团里的同事就哈哈大笑。有人说："你要是不跑调儿了，我请你吃饭。"

有人附和道："我也请！"

李默然的犟劲儿上来了，他说："你们几个听好了，这客你们是请定了。"

一个小伙子说："我们不信你能管住调儿，除非你和龙潮合伙唱双簧，合伙骗我们。但你嗓门儿大呀，瞒不住我们的。"众人听了，哈哈大笑。

李默然的跑调儿，是"顽固性疾病"。

为彻底治愈这一"顽疾"，聪明的龙潮想来想去，终于想出了一个好主意，就是先用黑管定好调儿，让李默然跟着黑管走。演出时担心他忘了调儿，轮到他演唱时，龙潮这个乐队指挥就利用手中的大权，把合奏的声音压低，悄悄示意黑管演奏员给李默然一个调儿，一听到黑管来了，那本来要逃跑的调门儿又老老实实地跑回来了。

就这样，李默然饰演的"唐父"唱段，终于可以字正腔圆了。

李默然非常喜欢龙潮，每每看见这个美丽的姑娘都禁不住耳根发红。而李默然的帅气外表，他刻苦学习的精神与上进心，也让龙潮渐生好感。

当《纪念碑》的演出大获成功之时，李默然仿佛听不见观众的热烈掌声，只是目光灼灼地盯着站在指挥位置的龙潮。两人对视着，龙潮红了脸，李默然大笑起来。

1950年，23岁的李默然与龙潮结婚了。从此，他们将风雨同舟，共度一生。

在这个过程中，还发生了一件让李默然终生难忘的事，也应该说是一次深刻的教训。

批评与虚心接受，是人进步的动力，更是青年成长的杠杆。

《纪念碑》是李默然和严正相识之后的第一次合作。

严正，是从延安鲁迅艺术学院来的大导演。他在延安时编导的秧歌剧《动员起来》，曾经受到毛泽东、周恩来等领导人的高度肯定和赞扬。1948年，他受党委派

◎ 李默然与龙潮结婚照

来到东北，开辟戏剧事业。后来，因为卓越的成就，他成为我国著名戏剧家、导演艺术家、戏剧教育家。

李默然在《纪念碑》中扮演一个老农民，就是男主人公——矿工唐宏生之父。

排练开始之前，剧组到农村体验生活。

这是李默然从事演员工作以来的第一次体验生活。尽管导演多次强调，他对此仍一知半解。

按照要求，到了农村以后，演员们住在一个小学校里。白天，大家分头找自己的体验对象去学习，晚上回来再一一揣摩。

李默然学着别人的样子，体验对象干什么他就干什么，体验对象怎么样他就怎么样。说话、动作、待人接物，他都学得认真、记得扎实。

半个月过后，正式排戏了。

排练场就是小学校的大教室。

第一场戏一开始，是唐父在搂树叶。搂完树叶，停下来抽烟。

李默然做得很轻松，也很悠然。他以为导演会表扬他，不料，严正却问他："你搂树叶、抽烟袋的动作跟谁学的？""一位老农民。""什么成分？""成分？当然是贫雇农，跟大车拉粪的。""你和他谈过话？问过他？""在一起干了好几天活，能不谈话？不过，成分我可没问过。""噢……你明天去问问。"李默然当时对此很纳闷儿，心想：用钉耙搂树叶子、抽个烟袋，这和出身成分也有关系？

排戏结束的时候，严导演又叮嘱他："你不要冒冒失失去问本人，找村干部问一问。"李默然说："好。我知道。"

晚上，李默然找到了乡政府财粮助理员老朱，他开门见山地问道："老朱哇，请问那个孙大爷是什么成分哪？"老朱不假思索地回答说："富农啊。"李默然一

1960 年，长春电影制片厂准备拍摄彩色故事影片《甲午风云》，该片是长春电影制片厂的重点影片，准备冲击电影百花奖。定装参考照拍完之后，厂艺委会领导又让李默然试了一段戏，戏的内容是：闯宴，怒斥罗皮尔。戏试过之后，在场的人都拍案叫绝。摄影师王启民说："不用再找邓世昌了，这就是邓世昌。"本来李默然被借调到长影拍电影《甲午风云》是饰演李鸿章的，由于李默然身材魁梧，相貌堂堂，声音洪亮，两眼炯炯有神，激情戏饱满昂扬，这样一来，就决定让李默然来扮演邓世昌了。李默然的成功出演在中国的电影画廊里留下了令人难忘的民族英雄邓世昌的不朽形象。

1960 年，拍摄于长春电影制片厂

下子愣住了。

见李默然这样，老朱有点不解地问："怎么？出什么事了吗？"李默然连忙说："没，没有。"老朱接下去说："我们正想问问你呢，你不是演个富农吧？"李默然忙说："不！不！我演的是个老贫农。""那你怎么天天跟着他转呢？""我以前不知道。""我们以为你是演富农呢！""不，不是！"李默然不好意思地把话题岔开，随便说了几句别的话，就连忙告辞了。

回来的路上，李默然一直纳闷儿，导演怎么发现我的体验对象不是个贫农呢？这里的学问在哪儿？

第二天，李默然向严正如实地讲了情况，导演点点头。李默然奇怪地问："你是怎么发现我的体验对象不是个贫农的？"严正说："你拿钉耙的动作、拿烟袋的姿势都不像个长年劳动的人。不信，明天再给你点时间，你去找一位真正的贫农老大爷，再跟他劳动一天看看。"

第二天，李默然照导演的指点去办了，他发现今天的这个大爷跟昨天的那个大爷真是不一样，他俩干活的姿势、脸上流露的神情也全不一样。富农的神情多少带点悠闲，而贫农的身上更多的是疲惫。

李默然暗自叫苦，天哪！我对农村各阶层的生活形象是多么无知呀！

到这时李默然才知道，体验生活时要注意体验对象的出身经历。正是由于每个人不同的经历，才形成每个人不同的性格。

唐父的形象终于成功了。

全团同志和观众一样，热烈地为李默然鼓掌。

1951 年 10 月 2 日，李默然所在的东北文协文工团与东北鲁艺文工团、东北音工团、东北文教队合并成立东北人民艺术剧院。同时，进入这个剧院的还有以著名音乐家安波为首的冀察热辽"鲁艺"的师生。1954 年，剧院更名为辽宁人民艺术剧院。

塞克曾在延安鲁艺任教，安波也曾在延安鲁艺任教，他们带来的众多同事、学生也都出自延安鲁艺，这样，他们就将延安鲁艺精神带进了剧院。

延安鲁艺精神具有以爱国主义为核心的民族精神、以马克思列宁主义为指导思想的理想信念精神、为工农兵创作和服务的文艺精神、民主严肃和注重实践的治学精神以及艰苦奋斗的学习创业精神五个方面的精神特质。

延安鲁艺精神就是辽宁人民艺术剧院大作频频问世，李默然、王秋颖等艺术家相继诞生的重要助推力量。

从 1945 年出演《保险箱》到这个时候，李默然的话剧生涯已走过 6 个年头。他非常用功，无论是对表演艺术的探寻，还是对社会科学的广泛涉猎，都做了种种艰辛的努力。

他在歌剧《纪念碑》、话剧《在新事物面前》两部大戏中，都有比较优秀的表现，越来越引起人们的关注。

在剧院里，组织上让他担任演员队队长，而且在好多部戏里，他都被选中出演男一号。

导演选中他，观众认可他。

文艺女神开始对他微笑。但李默然自己心中有数，他的表演还有许多不完美的地方，距离成为名角还有很长的路要走，他在成长之路上仍在苦苦地求索着。

由于书读得少，他时常会在舞台上读错字。国歌的词作者田汉提醒了他，他决定要"恶补"。3年工夫，他广泛阅读古今中外名著，写下数十万字读书笔记，装在随身携带的箱子里。这个箱子被家人戏称为"百宝箱"。

探索成长之路，解读智慧人生，
本章内容，扫码收听。

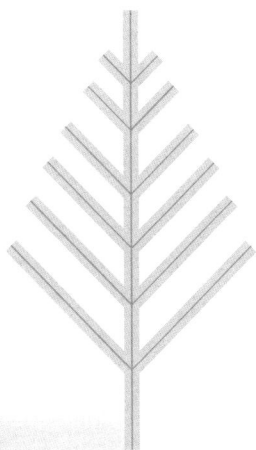

第四章

田汉的一句提醒，
激励他打造了一个"百宝箱"

曾有记者问李默然："李老，你只读过 3 年半小学，怎么能被戏剧界尊为'大师'？怎么能写出《李默然论表演艺术》《戏剧人生》这样的专著？"

"'大师'是万万不要谈的，谈不上。如果说有点成绩，主要原因在于勤奋学习并持之以恒！"他淡淡地笑着回答，"从我认识到学习的重要性时起，我每天都要坚持两三小时的看书学习，60 年来一直没有中断。"

这种毅力，实在是来源于当年的尴尬。

刚进入文工团的时候，曾发生了一件事，让李默然牢记了一辈子。

当时，文工团规定，每天早饭后读一小时的报纸，大家轮班读。李默然想，这算什么呀，我能把话剧演好，就一定能读好报纸。

那天，轮到他来读报纸。

李默然抑扬顿挫地读了起来，读到中间的时候，他听到下面有人在偷偷地笑。他又不好停下来问，只能继续往下读。

终于，学习结束了。他刚要问，一位好心的同志悄悄对他说："你刚才念错了一个字，把'效率'的'率'念成了'shuài'，同志们是为这个笑。"

李默然一听，脸瞬间红了。他根本不知道"率"字竟有两个读音。

环顾左右，文工团里几乎个个都比他有学问，不是刚毕业的大学生，就是从教师转行的，最差的也是高中毕业生。只有他连小学都没毕业，他感到自己与别人的差距实在是太大了。

还有一次，李默然主演的话剧《渔人之家》进京演出，他演得非常成功。

享受着首都观众的鲜花与掌声，李默然走下舞台。他特别开心，这是北京啊，中国的文化中心，演出能有如此效果，那真的是一种荣誉！

可就在这时，国歌的词作者田汉边向他祝贺，边悄悄地提醒他："你把'酗酒'念成了'凶酒'，这是错的。"李默然听了这句话，满面通红。

他本来以为自己学得可以了，没有想到居然还差这么多。

带着羞愤和痛苦，李默然一头扎进图书馆。

哲学的、文学的、历史的、美学的、艺术的，他找到什么就读什么。从那一天开始，他的床头高挂一句座右铭——"学习、学习、再学习",时刻提醒自己不能松懈。

除了吃饭、睡觉、排戏之外,他把剩余的时间全部用来读书。团里人要想找他,只有一个地方,就是那个简陋的图书馆。

渐渐地,李默然养成了写读书卡片的习惯,他有一个大箱子,里面装满了扑克牌大小的卡片,上面写满了密密麻麻的书目、作者和文章摘录一类的文字,便于他随时查找阅读。

久而久之,他这个被家人戏称为"百宝箱"的大箱子里的内容越来越丰富,这是知识的积累,也见证着他日益增长的学识。

4年的业余时间,李默然博览了古今中外各方面的经典著作。他精读了《红楼梦》《三国演义》《车尔尼雪夫斯基论艺术》《斯坦尼斯拉夫斯基论文集》。这是认认真真的4年"本科"。从大规模识字开始,到具备了一定水准的文学修养,李默然终于夯实了作为演员起码的文学基础。

导演们也看到了李默然气质上的变化,除了英武之外,现在又多了儒雅。1950年,当《在新事物面前》开排之时,便让他演一个工程师。这是他平生第一次演知识分子,对他是一种新的挑战。

《在新事物面前》的作者是著名电影《永不消逝的电波》剧本的创作者杜印,准确地说这次是杜印与他人合写了这部戏。

剧本展示在读者和观众面前的是：1949 年初，东北解放区工业建设恢复初期，在一个大钢铁公司里发生的故事。这正是中华人民共和国诞生前夕，我国人民即将进入社会主义革命和建设的新时代。时代前进了，生活向人们提出了新问题。

李默然一上台，凭借扎实的基本功和丰富的舞台经验，更凭借"百宝箱"赋予他的文化内涵，"赵工程师"一下子生动了起来，成了全剧的亮点。

业余时间，李默然还经常写文章给各大报刊，发表自己的思想观点。早在 1951 年，他就在《东北文艺》上公开发表题为《演员的责任感》的理论文章，后来还出版了《戏剧人生》《李默然论表演艺术》等专著，成为中国艺术界的学者型艺术家。

李默然纯熟的创作，真就是来源于他的"百宝箱"。

回过头来说，1950 年主演的《在新事物面前》，让李默然获得了成功，他因此在 1951 年 11 月担任了剧院的话剧团第一队队长。

成功在向李默然招手。他万万没有想到，前面还会有近乎残酷的棒喝等着他。

那一次棒喝，他高大的身躯差点被击倒在舞台上。

那就是《曙光照耀莫斯科》的排练。李默然表演艺术的根本性蜕变是在这部戏里完成的。

正当他开始走红的时候，名剧《曙光照耀莫斯科》的主演落到他身上。孰料，一上场导演就怒批他，全盘否定了他的设计。反反复复，半年的时间，重重摔倒的他，终于破茧而出，重新高飞起来。

探索成长之路，解读智慧人生，
本章内容，扫码收听。

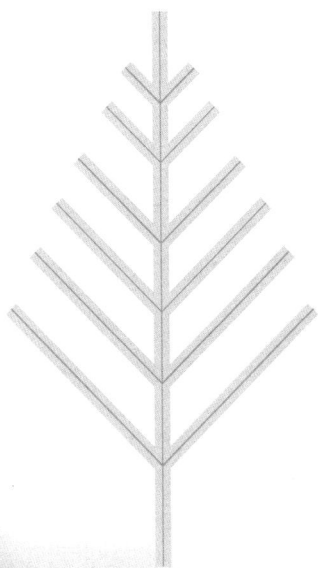

第五章

《曙光照耀莫斯科》，让 24 岁的小伙子脱了一层皮

　　为了在艺术上向当时的苏联靠近，东北人民艺术剧院在建院初期，开展了全面普及学习斯坦尼斯拉夫斯基戏剧理论的活动。

　　著名导演严正也正是在这个时候开始向李默然讲述斯坦尼斯拉夫斯基的。

　　斯坦尼斯拉夫斯基是苏联戏剧家和著名导演，他创建了以"体验基础上的再体现"为基本内容的斯坦尼斯拉夫斯基体系，是现实主义戏剧体系的主要代表。这一体系辐射能力极强，对包括中国戏剧在内的 20 世纪世界现实主义戏剧运动都产生了很大的影响。

　　在学习斯坦尼斯拉夫斯基表演理论的同时，东北人民艺术剧院排演了《曙光照耀莫斯科》《在那一边》《尤利乌斯·伏契克》等苏联剧目。

　　李默然在这场浩大的戏剧活动中，经过痛苦的煎熬，终于蜕掉了那层束缚他腾飞的茧壳，一飞冲天，飞向了中国话剧的巅峰。

《曙光照耀莫斯科》这部戏，是斯坦尼斯拉夫斯基体系中一部代表性剧目，由苏联作家安讷托利·苏洛夫创作。

这个剧本由长春电影制片厂著名编剧蓝馥心翻译为中文。东北人民艺术剧院准备排演这部戏时，专门请蓝馥心到剧院来讨论剧本，为的是让演员体会她对剧本的那种深刻理解。

1951年2月，李默然第一次听蓝馥心读《曙光照耀莫斯科》剧本时，就被剧中的崭新生活和英雄人物深深吸引了。剧本中描写的美好生活与当时中国的状况特别相似，而这种生活也正是他所想要的、所憧憬的。

剧本讲述的是1949年莫斯科一个编织厂创业的故事。厂长卡碧特丽娜热爱事业，但是思想保守，固守大众化产品的生产模式，产品在市场上不受欢迎。她的女儿桑妮亚是个富有理想、擅于绘画的姑娘，毕业后，她被分配到母亲领导的工厂里。桑妮亚不满母亲的生产思路，决心设计出人民所需要的美丽得像曙光一样的花布。她的想法遭到母亲的反对，却得到厂党委书记库列聘的鼓励和支持，新样式的花布设计，在大家的协助努力下终于获得成功。

最后，卡碧特丽娜在库列聘和群众的推动下，终于醒悟过来，她决心亲自动手印染漂亮的花布。花布印出来了，曙光出现在莫斯科的上空。

战后的苏联，面临着如何恢复经济建设、改善人民生活的重大问题。《曙光照耀莫斯科》就是回答这些问题，并围绕这些问题展开新旧思想矛盾冲突的，这对当时我国的现实生活有着很大的启示作用。

就在李默然陶醉于这部作品之中的时候，幸运之神降临了。

剧院领导决定由李默然饰演剧中的党委书记库列聘。

李默然的心情喜忧参半。喜的是，领导把这一光荣任务交给了他，可以在排练中提高一步；忧的是，各方面的准备都还不够，他担心完不成这一光荣任务。

然而，李默然在严正导演的直接指挥下，还是充满激情地接受了这个角色，认为自己可以成功地塑造库列聘的形象。

开始研究剧本的时候，大家分场、分段研究事物和人物的关系，全剧的主题思想也大致确定下来。

李默然在理性上认识了主题思想之后，就开始了对库列聘这个人物的塑造。

第一次念剧本的时候，李默然先"喀喀"两声清清嗓子，然后念台词，声音洪亮。他那时就爱亮嗓子，大家也都觉得他的声音真棒。他的声音当然是没说的，确实是好声音，但他当时并没有认识到，那不是库列聘的声音，那只是他自己的声音。

严正立即打断他："李默然！你干什么？"李默然愣了一下，问道："不对吗？"严正说："台词对是对，但是你喊什么？"李默然说："我没喊哪！"严正说："你现在没喊，刚才念台词，你就是在喊！"

听导演这样说，李默然一时想不通，心说，舞台上见吧，他等待正式排练。

1951年3月，《曙光照耀莫斯科》的排练正式开始。

李默然当时想，库列聘长期在部队服役，他走路必须迅速，一定还保持军人的装束。那么，他一定经常披着皮夹克，穿着马靴……

他就这样简单地做好案头工作，然后就开始背台词、设计动作，单独考虑自己的几段戏。

排到第二幕第二场时，严正还在鼓励他："如果按照这场戏的样子演下去，这个角色是可以演好的。"

李默然想，导演为什么说这场戏演得好一些呢？

想起来了，那是因为自己在对库列聘关心桑妮亚的处理上，有自己的经验依据。

桑妮亚印花布失败了，她有点气馁。库列聘却没有批评她，而是给予更多的关心和鼓励。

这个依据是什么呢？

记忆当中，自己工作上遇到困难，甚至失掉信心的时候，剧院里的许多领导就是这样对待他的。有时是批评，有时是鼓励，但目的却是一个，那就是给同志以最大的温暖和支持。

库列聘对桑妮亚的态度就是这样的。

在排练的时候，李默然就很自然地把这种感觉表现出来了。所以，导演是满意的。

想到这里，李默然高兴了。他继续背台词，又特别精心地设计好了腔调、走路的样子以及各种姿态。

然而，事情却发生了始料不及的突变。是的，不但出乎他自己的意料，而且出乎剧组所有人的意料。

那天刚一上场，李默然就兴冲冲地把"卡碧特丽娜"读成了"卡碧特·丽娜"。之所以在人家名字的中间加了一个隔点，他是为了追求一种所谓的戏剧效果，他要体现一种洋味。

◎ 1952 年，话剧《曙光照耀莫斯科》剧照

他念完了，非常得意，他在等待导演的表扬。

不料，严正却根本不买账，反而冷冷地扔出一句："你这样根本就不行，你这就是腔调式形式主义！"

这话初听起来挺粗暴的，像是横加指责。

李默然心中暗想："我这么多年就是这么走过来的，观众不是也叫好吗？现在怎么就不行了呢？"见他一脸茫然，严正进一步指出："你的台词说得拿腔拿调，不像是人在说话，毫无感情可言，看上去就像一个躯壳。演员，要创造出活生生的人物来，请问，你让我们看到库列聘同志了吗？他在哪里？台上有吗？你身上有吗？我们看不到库列聘同志，我们看到的只是一个走来走去比比画画的空壳，像行尸走肉一样，这副样子，没有人爱看！"

空气一下子凝固下来，排练场静极了。

人们的目光唰地投向李默然，霎时，他的脸像炉火烤的那样灼热。从演戏那天开始，他从来没有听过这样的批评。是的，他几乎是在一片赞美声中走过来的。

多少年来，大家对他一直都是夸赞的，导演、演员同行，还有观众，夸他的形体，夸他的台词。

他心里想："我的台词拿腔拿调，这叫什么话呢？不拿腔拿调叫什么演戏？电影、话剧都是这样的呀，京剧更厉害呢！"

严正感到了李默然的不自在，也觉得自己的话说重了一些，于是转移了方向，他对大家说道："你们看什么？

不是默然同志一个人身上有形式主义，你们身上都有形式主义的顽症。不克服是不行的，那样的话，我们的戏就无法演下去，形式主义是我们现实主义的大敌……你们以为演戏有那么好玩吗？我告诉你们，一点也不好玩。一个演员要演好一个角色，不掉几斤肉是不行的。"

众人安静了下来。

李默然站在排练场上，高大的身躯一下子僵硬了。

5 年的表演经验和成就，他感觉好像一下子被这位严导演复归为零。他的耳边依稀想起牡丹江邮政剧团的同行及当地观众称他为"天才"的声音。

艺术剧院的男神，就这样一下子消失了吗？

好像是表演艺术的大门向李默然闪了一下，露出圣殿的一角，又虚掩上了。

李默然那高昂的头颅低垂下来。

排练暂时告一段落。从排练场下来，在路上，很多同志也向李默然提出了自己的意见，他们说："默然，你确实是拿腔拿调了，这样做，严重地限制了人物情感的抒发！""怎么，你们也这样认为？"他大惑不解地问。"是的。"同志们回答说。

李默然听了大家的话，陷入极度的痛苦之中。同志们都下班回家了，晚饭后，他一个人回到排练场，来来回回踱步。

"现实主义是什么？我还能做演员吗？难道真像几

年前有人说的那样，我要改行吗？天哪，我不要！我必须做一个好演员。就像导演说的，宁肯掉几斤肉。我不能趴下，现实主义就现实主义，来吧，我李默然要向自己发起冲锋……"

冲锋？怎么冲？

"腔调式的形式主义？"起初，李默然对这个问题想不通，也认识不上去，觉得这只是个读词上的技术问题而已，别的没什么毛病啊！

天渐渐黑了，他一个人在排练场痛苦地思索。他在舞台上走来走去，试图寻找一扇门，那扇通向艺术圣殿的门。

李默然能过这一关吗？他敢不敢承认自己的不足？

"我要进步，我要发展，我必须正视我的弱点，从前的成就我可以不要，我要重新开始……"思索了许久之后，他的心才亮了起来。

李默然意识到，这不仅仅是个技术上的问题，而是个创作道路的问题。单纯地研究台词在音调上的抑扬顿挫，是不可能理解人物的思想情感的。而且这样做，不但于"戏"无补，反而会伤害了"戏"。

艺术上所讲的研究台词，应该是努力寻找台词里所蕴含的角色的思想情绪，丢开了这一点，一味地强调哪句话调要高、哪句话调要低，就会把台词变成空洞的口号。同时，他还进一步意识到，人们在日常生活中，说话有高有低、有急有慢，但这些都必须服从人物当时的思想情绪。

李默然想，生活和舞台应该是一样的。戏剧是搬到舞台上的生活。作为一个演员，就应该先透彻地研究角色的思想内涵，而自己做的恰恰相反，只强调了外在形式，忽视了更重要的思想内涵。

夜，深了。李默然找到严正导演，他来虚心求教了。

"导演，我想明白了。"他谈出了自己思索的结果。

严正看了看他，看到他的眼睛熬红了，有些心疼，给他倒了杯茶，然后说："默然同志，你想想看，库列聘是剧作家精心塑造的企业里的党务工作者形象，他参加过伟大的卫国战争，那时他就从事部队党的工作。可以说，他是十月革命后苏维埃共和国里的新人，他是在社会主义教育下培养起来的人物，是一个站在革命和生产最前沿的先锋人物。他是活生生的人，他不是只会喊口号的大喇叭。代表曙光的青年一代能否成长，主要在于库列聘对他们的支持，也就是说库列聘应该是代表曙光的一个核心。"

李默然仔细品味着这番话，半晌，他说："严导，您这样说，我明白了。"

严正说："还是那句话，小李，我相信你，不然，我和剧院领导也不会选你来演库列聘。努力吧！"

导演对演员的爱护是多么重要哇！

李默然在导演的话里找到了信心和力量，他重新深入地研究剧本。对自己，他一向有个狠劲儿，他小时候学的那些故事一直在激励他，比如"悬梁刺股""凿壁偷光"，几个通宵熬过去了，终于，李默然找到了库列聘的两个特点。

首先，他是深刻地了解人民的需要的。在第一幕第一场与女厂长卡碧特丽娜的争论中，就表现了这个特点——

卡碧特丽娜：可是这又有什么好争论的呢？库列聘！我们唯一的目的是提供给人民更多更便宜更结实的东西，不是吗？

库列聘：难道我反对这一点吗？人民在期待结实的廉价的布料，这根本就没有什么要争论的。

卡碧特丽娜：谢天谢地，你总算明白过来了。我们要向巴施里柯夫同志报告的，就是为达到这个目的所做的工作。

库列聘：不！我们要报告的不是这个，我们要报告的更重要的，是厂里的工人不满意他们亲手制造的产品，我们要制造五彩的美丽的花布，漂亮得像曙光一样的花布。

库列聘那样深切地了解人民的需要，他为满足人民的美好要求而工作。因此，他的工作就有了坚实的基础和明确的目标。

其次，他对工人群众的创造性劳动给予无限的信任。下面的对白，证明了这一点。

卡碧特丽娜：（大笑）你又跑到云彩上面去了，漂亮得像曙光一样，你真是像安妞达一样的糟糕，你们好像都觉得厂里的生活太枯燥了，你们应当去做个歌唱家或是舞蹈家才对。

库列聘：安妞达对她的工作来说，是个魔术家。你记得她印出来的十色的印花布吗？那是能叫大画家列宾和苏里科夫看了都高兴的。

这不仅是库列聘对安妞达一个人的看法，而是他对群众劳动创造的信任和赞扬。

又比如桑妮亚第一次试制印花布失败时，总工程师轻率地命令恢复原来的花样，而库列聘却对桑妮亚说："恢复昨天的，还可以继续想着明天的呀……事情开始的时候总是不太平静的，但慢慢地终归会平静下来的。"他时时刻刻支持着桑妮亚，因为"一切美丽的劳动我都喜欢"。正因为如此，他才能永远乐观地、满怀信心地前进。

这些还只是理性上的认识，要想把这些认识生动地体现在观众面前，那么，就必须经过自己的体验。去苏联体验生活是不可能的，想来想去，那就只好间接体验了。

李默然又去了剧院的图书馆，他开始贪婪地阅读苏联小说，一本一本地读。特别是那些和《曙光照耀莫斯科》一剧题材相近、历史背景接近的小说。相关的画报、画册，他也都找来反复阅读、认真揣摩，努力寻找与库烈聘相似的人物，研究他们的心理活动，外部形体、面部、眼神的细节。

成功，主要是来源于刻苦，下的功夫有多深，成功就有多大。这是青年李默然抱定的一个基本信念。

渐渐地，李默然的脑子里出现了库列聘的眉毛、鼻子、眼睛、神态和他说话、开玩笑、高兴和生气的种种样子⋯⋯

但他又遇到了一个难题，那就是库列聘对厂长卡碧特丽娜的态度。

库列聘并没有站在卡碧特丽娜头上进行教训和指责，相反，他非常看重这位老布尔什维克，这位坚强有力的厂长，这位经验丰富的纺织专家。他要用自己的全部热情和布尔什维克的心，去帮助卡碧特丽娜睁开眼睛，把光辉灿烂的远景、美妙的前途呈献在她的面前。

当桑妮亚对母亲能否认识错误表示怀疑的时候，库列聘对桑妮亚说："不要紧的，桑妮亚，她会承认错误的。"由此可见，他对卡碧特丽娜的本质给予多么大的信任。

这种信任，从广义上讲是为了人民的事业，从狭义上讲就是同志间的真诚感情。特别是当卡碧特丽娜提到她的前夫谢尔盖时，库列聘就对她产生了更亲切的情感，因为谢尔盖也是他的最亲密的战友。

在第一幕第三场，问题争论到了最后，库列聘十分严厉地告诉厂长，希望她承认错误。起初，李默然对这一点是不理解的，他觉得这过于强烈了。后来，他回忆起来，有一次院长安波在排《纪念碑》时批评乐队的情况，也回忆起院里一些领导同志在争论问题时大体上也是这个样子。

李默然觉得他们都是为了党的事业、为了人民的幸福生活，他们的基本思想、目的都是一样的。这样，他就信任了库列聘当时的情感及由此产生的动作。他觉得，演苏联戏，没有实际生活是事实，但也可以从我们的现实生活中找到类似的东西。

可是，李默然后来发现，这样做，也还是不能更细致地研究库列聘的情感是怎样一步一步发展的。

想来想去，他又采取了另一个方法。每天排完戏之后，李默然都以角色的身份记日记。他把自己彻底融入角色之中——自己就是库列聘。

在进入了人物的内心深处之后，李默然开始查找自己表演上的毛病。他找了一个没有人的地方，反复地念自己的台词。他的犟劲儿上来了，他非找到形式主义的毛病不可。为什么导演能看得出来，自己就看不出来？

他一遍又一遍地念，嗓子都念疼了，嘴唇也快念麻木了，终于听出自己台词中不自然的东西。他想，也许这就是导演说的形式主义腔调吧!

最明显的是,他在称呼女厂长时,故意强调了洋味儿和党委书记的身份。而恰恰是这样的处理方法,破坏了库列聘那种平易近人的性格特征,扭曲了他与卡碧特丽娜之间的同志加朋友的关系。

对,毛病就在这里。

在会上,李默然向大家坦率地承认了自己的"装腔作势",他说:"我没有从人物的情感出发,仅仅从脱离生活的自我感觉出发,太强调形式了。"严正带头鼓掌,他说:"李默然能够正视自己的问题,我相信他一定能取得更好的成绩。"同志们的掌声更加热烈。

彩排重新开始了。

窗外,传来了《社会主义好》的歌声,沈阳这个大工业城市正在沸腾的建设中。这和《曙光照耀莫斯科》的背景很有些相似。李默然听了这首歌,心情特别舒畅,他细心体会社会主义建设者高昂的建设激情。

按照严正的要求,李默然放下了党委书记的"架子",把库列聘还原成为一个人,像普通人那样说话,像普通人那样举手投足。

李默然起初的感觉非常不舒服,他觉得这台词说得"稀汤寡水"的,既没有韵味,更没有色彩,而且声音跟蚊子一样。这哪像演戏,这简直就是日常生活。他一边走台,一边偷偷用眼溜严正,发现导演脸上浮现出了微笑。

◎ 1952 年，话剧《曙光照耀莫斯科》剧照

严正看出了他的心思，大声鼓励他说："就这样演下去，很好，很好！别着急放大声，声音慢慢会自然大起来。很好，现在声音虽然小，可这是人在讲话。好，这个状态非常好！一个演员要塑造一个鲜明形象，就像妇女十月怀胎，有个艰苦的孕育过程。排一个戏不掉几斤肉，不是好演员！默然，你努力，我等着你。"这话听来多么令人鼓舞，他真是一位好导演哪！

改变自己很艰难，但李默然硬着头皮，一招一式按照严正的要求来。

每次排完戏之后，李默然就与演厂长的演员对戏，看看是否和自己想的一样，导演又对她要求什么。如果一样，那就继续仔细琢磨库列聘当时的心情、态度；如果不一样，就重新考虑。

1952 年 6 月 12 日，《曙光照耀莫斯科》在东北人民艺术剧院（今辽宁人民艺术剧院）首次公演。

在演出中，有这样一段对话：

桑妮亚问库列聘："如果你不是一个党的工作者，你喜欢做什么工作呢？"库列聘回答说："很难说，一种职业对我来说那实在是太少了。我爱机器，我也不反对做个木匠或者音乐家，我也很愿意像马卡伦柯一样去教育顽皮的孩子，一切美丽的劳动我都喜欢。"

起初李默然对这一段话不仅没有理解，相反觉得很枯燥。不料，这段对话却在观众中引起了热烈的掌声。

这确实让李默然吃了一惊。演出结束很多天以后，他才意识到，观众不是喜欢他的表演，而是喜欢库列聘多姿多彩的思想，喜欢他那种对新事物的热爱。看来，观众不仅是鉴定者，而且是演员最好的老师，观众在剧场里是参与创作的。

奇迹发生了。这是李默然自己发现的。

渐渐地，他发现"库列聘"在他身上轻松了下来，不再那么僵硬地架着了。他和周围人物的关系亲切多了，一切都显得那么自然，那么生活化。就是在这种状态下，那种刻意的"戏化"无影无踪了。

《曙光照耀莫斯科》一剧排练了半年，这是李默然从艺以来排练时间最长的一部戏，也是他受折磨最重的一部戏。他的体重下降了好几斤。

这次排练，对李默然这个在戏剧理论上连 A、B、C 也不大清楚的人来说，是一次丰富的"恶补"，令人欣喜的是，他消化得非常好，吸收得也很好，他提高得很快。

他经过痛苦的挣扎，终于破茧而出。从这部戏开始，斯坦尼斯拉夫斯基的戏剧精神开始渗透到他表演艺术的灵魂中。

李默然迎来了话剧表演的第一个黄金时期。

这次脱胎换骨的巨变，除了来自导演和同志们的帮助，更重要的是来自李默然内心的坚强，他敢于面对自己的不足，敢于否定自己，并勇于创新。如果没有这一点，就没有后来的李默然。

不为人知的付出换来巨大的成功，《曙光照耀莫斯科》演出后引起巨大轰动。李默然塑造的有血有肉的库列聘形象赢得了广大观众的好评。

李默然的表演获东北地区话剧会演优秀表演奖。

1952 年 11 月下旬，《曙光照耀莫斯科》演进了北京城，也火爆了北京城，受到首都观众的热烈欢迎。

12 月 13 日，《曙光照耀莫斯科》进入中南海怀仁堂演出。

12 月 19 日，首都文艺界举行座谈会。田汉、曹禺等名家都对这部剧给予好评。

座谈会上，李默然认真地倾听，认真地做笔记，生怕漏下一点一滴的真知灼见。他在那一天的日记中写道："我只是个青年演员,还需努力。我还有很大的差距。"这是当时他对自己的清醒认识,而这正是他后来取得更大成功的思想基础。

正确认识已有的成功,是下一个成功的必备。

这部戏成功后,李默然深有体会地说:"通过在《曙光照耀莫斯科》中对库列聘这个人物的再创造,我上了重要的一课。"

在这一课里,聪明的李默然悟出一个道理,就是:"最了不起的百分之七十至百分之八十在排练场完成,留待百分之三十至百分之二十与观众共同创造。千百次不同的演出,千百次观众反馈,千百次的验证,让我不断修正自己,才算完成角色体会……"

严正听了他的精辟总结,含笑点点头,内心暗自高兴,严正看到了这颗星在我国戏剧星空中时隐时现的光芒。

严正对李默然说:"默然同志,祝贺你,我看到了,你即将飞起来!"

《曙光照耀莫斯科》也照耀了李默然,从此,李默然演艺事业的阳光才是真正的黄金颜色。

他的表演一步步走向成熟，他开始成为全国观众瞩目的话剧明星。他的表演甚至吸引了周总理的目光。一次难忘的教诲，让他拼搏了一生，终成一代话剧大师。

探索成长之路，解读智慧人生，本章内容，扫码收听。

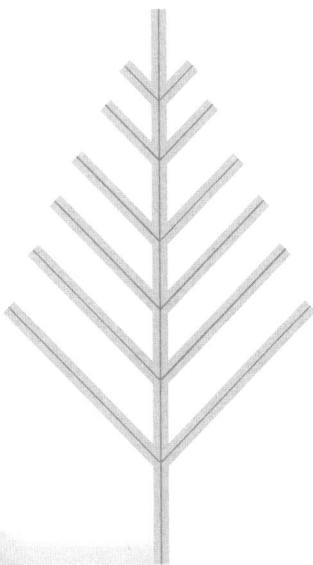

第六章

牢记周总理教诲，他努力演戏，
终创李派话剧艺术

继《曙光照耀莫斯科》之后，1953 年 5 月李默然又主演了《在那一边》，1954 年 5 月主演了《尤利乌斯·伏契克》，这使他成为当时中国举足轻重的话剧明星。

1954 年，李默然当选为沈阳市第一届人民代表大会代表。

那时，在沈阳城，李默然每新排一部话剧，都受到大学生的热烈欢迎。他在辽宁人民艺术剧场演出，那个时候交通工具很少，大学生宁可徒步，也要从各个地方赶来观看演出。

黑龙江省、吉林省、河北省、内蒙古自治区的大学生，也会利用寒暑假的时间专程到沈阳来看李默然的戏。

话剧《在那一边》的剧情是：在第二次世界大战中，苏联为了在中国东北刺探日本军事情报，派侦察员伊格那杰夫和尼克来耶娃秘密来到哈尔滨，从事地下工作。伊格那杰夫和尼克来耶娃与日本特务、白俄特务斗智斗勇，冒着生命危险把重要的机密情报弄到手。伊格那杰夫机智地

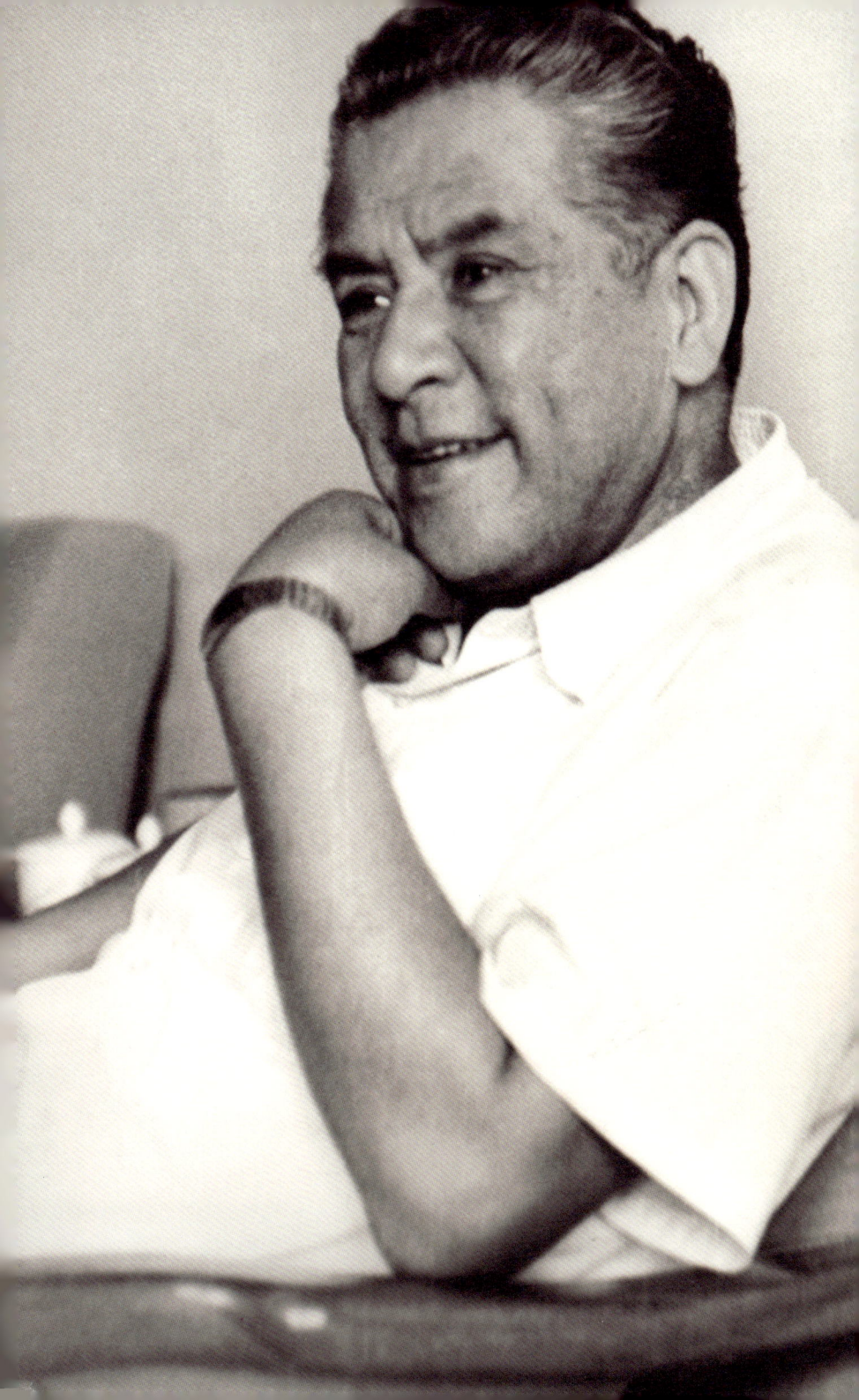

1979年，辽宁人民艺术剧院演出了话剧《报春花》，在全国引起了巨大反响。该剧被赞誉为新时代现实主义话剧创作的代表作。照片中的李默然正在接受记者采访。1951年，李默然出演了苏联话剧《曙光照耀莫斯科》，在剧中扮演了纺织厂党委书记库列聘，在辽宁乃至首都北京的舞台上引起了巨大轰动。过了将近30年，又在话剧《报春花》中扮演了纺织厂厂长李健。这两个人物都是在新的历史时期敢于冲破思想牢笼的时代楷模，有异曲同工之妙。

◎　1979年，拍摄于沈阳

摆脱了敌人，尼克来耶娃则被日本人抓进监狱。伊格那杰夫把情报送回了苏联。苏联红军掌握了日本军队的动向，准确及时进入中国东北，一举击溃了日本精锐部队关东军，迅速解放中国东北，也把尼克来耶娃从日本人的监狱中救了出来。

26岁的李默然扮演剧中男主人公、苏联军事侦察员伊格那杰夫。

为了这一角色，他用第一人称写了2300多字的"角色自述"。他努力使自己进入角色之中，体会角色的内心情感，感受剧本中的情节以及人物之间的关系。

尽管还要在排练中经过导演的指导和点拨，但是这个时候的李默然已逐渐学会了形象思维，注重角色的内心体验。这对他成功塑造苏联侦察员伊格那杰夫，起到了至关重要的作用。

曾经在《在那一边》中扮演苏联侦察员的孙人乐回忆时说："李默然是回族，长得有外国人的特点，高大英俊，高鼻梁，大眼睛。演出《在那一边》时，那个大海报一出，相当轰动，加上戏剧情节有惊险的场面，观众特别爱看，一连演了几十场，后来还到上海等地演出，大概演了三四年。"

1954年初，剧院决定排演话剧《尤利乌斯·伏契克》，27岁的李默然被指定扮演主人公尤利乌斯·伏契克。

在两个月的排练时间里，李默然的心情一直处在亢奋的状态。能在舞台上把捷克斯洛伐克的民族英雄伏契克的斗争史再现出来，介绍给观众，作为演员，这是多么幸福哇！

李默然和同事们一起讨论剧本，做案头工作。

2月9日，剧院派《尤利乌斯·伏契克》剧组去北京，观摩学习中国青年艺术剧院演出的《尤利乌斯·伏契克》。

在北京，李默然认真观摩演出，还和中国青年艺术剧院的导演、演员一起座谈，与吴雪、田蓝等艺术家讨论剧情。

从北京回到沈阳之后，李默然就走进了图书馆，广泛研读第二次世界大战的史料，学习尤利乌斯·伏契克的事迹。在那里，他一读就是几个星期，剧院和家里的人找李默然，只要去图书馆，就一定会在一个安静的角落里找到不是正在读书，就是正在写笔记的他。

渐渐地，他心里有了底数。

李默然在和剧组同志们谈体会时说："尤利乌斯·伏契克是捷克斯洛伐克人民在反法西斯斗争中的领导者，是地下党中央委员会的委员。他是个乐观的共产主义战士，他之所以乐观，是因为他对胜利有着坚定的信心和对工人阶级由衷的热爱。而对一切敌人、法西斯主义者、人民的叛徒，他则表现了无比的仇恨、鄙视，他的爱憎是那样的分明。在他的领导下，捷克斯洛伐克的工人阶级、爱国志士，向希特勒匪徒展开了不屈不挠的斗争。

当被捕入狱后，他仍然领导了狱中的同志和'犯人'，团结能够团结的狱中看守，继续向敌人展开英勇斗争。从而，打开了监狱的厚墙，和外面的同志取得了联系，有力指导了狱内外的斗争。"

对李默然的分析和理解，导演和同志们给予热烈的掌声。他在艺术上取得重大进展的同时，理论水平也在相应地提高。同志们都为他的进步而高兴。

在长达两个月的学习和排练时间里，李默然记了约4万字的笔记，包括第一次剧组建组时导演的讲话、个人的角色分析、每天的排练心得、到北京观摩中国青年艺术剧院演出的心得等。

看戏，他的笔记做得也很认真。进了剧场，他带着厚厚的笔记本，不时地记下剧中的一句话、一个情节、一个疑问、一个赞许。他恨不得把对每一句台词、每一个动作的感受都记下来。

像这样的笔记，他一生记了50多本，有数百万字。

在创造伏契克这一人物形象的过程中，李默然努力想把分析理解的这一切都表现出来。

比如，伏契克会见古丝妲时，对妻子的爱情是那么纯朴而热诚；受到拷打时，他坚忍冷静、不动声色。在近郊的茶亭里，他对德国特务尖锐的嘲骂等许多情节，都设计、表演得非常到位。特别是第 11 场，伏契克赴刑场之前，在牢房里和演员魏华门扮演的另一位革命者

◎ 李默然的笔记

别塞克有一段告别的戏。两位革命者没有任何豪言壮语，他们默默地注视。许久，伏契克转身往外走。忽然，他又回过身来和战友作最后的诀别。伏契克的眼神里有慷慨赴死的悲壮，有生离死别的痛苦，更有决不让法西斯看见眼泪的坚强。魏华门和李默然配合默契，两个人通过无言的肢体动作和面部表情的变化组合，把这段静戏表演得异常震撼，全面真实地传达出人物此刻内心的云水翻腾。在一次排练中，扮演法西斯看守士兵的演员看着二人的表演，感动得哭了，竟然忘记了该说的台词。

1954 年 5 月 20 日，《尤利乌斯·伏契克》在辽宁人民艺术剧场首演。

在整场演出中，从李默然的第一次露面到最后谢幕，观众的掌声就一直跟着他，有的青年竟然高呼："李默然，伏契克，李默然，伏契克。"

对于李默然在这部戏里的表演，当时指导排练的苏联专家作如下评价——

亲爱的李默然先生，您是一个具有让不懂语言的人也能得到极大情感震动的有才华的人，这样的才华是无价的。祝愿您取得更大的成功。

维可多·采西耶夫

亲爱的李默然先生，这是我看到的很好的戏，尽管我听不懂你们的语言，但是我看懂了你们的演出，我被你们的戏感动了。你是一个天才的演员，你们很好地表现了伏契克的精神。希望你们把这个戏演得更好。

谢苗·卡琳斯基

李默然知道，苏联专家的话有客气的成分，但是这样的文字，对年轻的他无疑是巨大的鼓励。

1955 年，28 岁的李默然与一部名叫《日出》的话剧相遇，被安排扮演剧中反派角色李石清。

话剧《日出》，是著名剧作家曹禺创作的经典剧作。

剧本讲述的是：学生出身的交际花陈白露住在大旅馆，靠银行家潘月亭的供养生活。

童年和大学时代的好友方达生听说她堕落了，特地从家乡跑过来，想感化她，想让她跟自己结婚并随自己回去，但对社会和人生都已失望的陈白露拒绝了他。

这时候，同楼的孤女"小东西"为了逃避蹂躏，闯到陈白露的房间，她虽全力救助，但"小东西"还是被黑帮头子金八手下的人卖到妓院里，最后不堪凌辱而死。

潘月亭的银行也被金八挤垮倒闭了。陈白露看不见出路，黯然自杀。方达生则表示要与黑暗势力抗争，迎着日出而去。

李石清是曹禺塑造的一个极具特点的人物。他本来是大丰银行的一个秘书，是个胆小得神经质的弱势人物。但他同时又是一个极度自私且阴险狡猾的人，看清"这个社会没有公理，没有平等"，他发誓"要翻过身来，要硬得像一块石头，要不讲一点人情，只要自私，要报仇……"为了这个，李石清偷看潘月亭的抽屉，抓住了他的把柄，迫使他不得不将自己提升为襄理。畸形的环境，将李石清变成另外一种恶魔。对上，他忍气吞声，谄媚逢迎，心里又恨他们；对下，他凶狠自负，鄙视他们没有本事。

他是黑暗社会的一个怪胎。

李石清这个人物形象，与李默然一直以来所扮演的英雄人物截然不同。这对他的表演是一种挑战。但是李默然不怕，因为他有万籁天。

万籁天是何等人物？

万籁天是中国话剧、电影的大导演。1954 年 8 月，东北人民艺术剧院更名为辽宁人民艺术剧院。应老朋友、辽宁人民艺术剧院第一任院长塞克邀请，万籁天到剧院任导演兼艺术委员会主任。

万籁天的导演艺术，注重戏剧形式的完整和人物性格的外部特征，反对抄袭摹仿，反对自然主义表演倾向，提倡艺术的创新精神。万籁天是一个艺术造诣很深的导演艺术家。他曾经给李默然排了 6 部戏，是李默然进入戏剧行业的开蒙老师之一。李默然遇到万籁天是何等的幸运！

　　李默然向万籁天请教："万导，我怎么样才能演好李石清这个人物？"万籁天看了看他，笑了，说："我看了你演的库列聘，你的可塑性很强，你一定能演好，我相信。"李默然说："可我那是演的英雄啊，这个李石清是个害人害己的坏蛋。"万籁天说："我刚才不是讲你具有很强的可塑性嘛，你要深入研究这个角色，多多回忆你在旧社会见过的人，从中找出类似李石清那样的人物，研究他们，琢磨他们的心理，从过去的生活中寻找表演的素材。"

　　李默然恍然大悟，他点点头，快步离开了万籁天的办公室。

　　回到家里，李默然努力回忆旧社会在戏院里见过的各种人物，特别是在邮局工作期间见过的李石清那样的小职员、小官吏，渐渐地，"李石清"这个人物形象在他心里越来越清晰了。

　　《日出》开始排练了。

　　李默然按照自己的理解与设计，一招一式地再现李石清，轻松自然，游刃有余，把人们带到了那个年代。

　　整场戏下来，万导演一一地指导这个批评那个，唯独对李默然没有说什么。

　　李默然意识到，自己这个角色成了。

　　那天晚上收工的时候，李默然与万导演打完招呼，转身刚要走，万籁天叫住了他，说了一句让他吃惊的话——

"默然同志，你一定要好好演戏，我相信你一定会成为中国最棒的男演员，我说的不会错。"

万籁天留着大胡子，目光炯炯地看着他。

李默然一愣，谦虚地说："万导，我还要向您多学习，您还要多指导我，我一定努力。"

万籁天之所以讲这句话，是因为那天晚上他看到了一个活生生的"李石清"，李默然的表演让他惊叹。

1956 年初，全国首届话剧会演在北京结束。其他兄弟院团纷纷离京返程，辽宁人民艺术剧院却因为夺目的艺术光芒，被中央领导和首都人民留下继续演出。

在北京首都剧场，辽宁人民艺术剧院先后演出 3 部话剧，分别是反映新中国成立初期军工生产的《前进、再前进！》、苏联话剧《在那一边》和曹禺的名剧《日出》。

正值青春年华的李默然，和同事们一起，尽享北京的春天和北京人民对他们的喜爱。

无论是在长安街、在王府井、在故宫、在颐和园，还是在剧场的通道上，李默然的身边总会出现围观的群众，人们向他投来热烈的目光，叫他"库列聘"，叫他"李石清"。他知道这是观众对他扮演角色的认可。他亲切地向观众微笑，有要求合影的他就合影，有要求签名的他就签名，对观众有求必应。

他在日记里这样写道："观众永远是演员的上帝，

而演员只是个职业，我就是做这个工作的。"他给自己的角色定位很准确。

1956 年 5 月的一天晚上，院长洛汀突然表现得有点儿异常。他一会儿跑前台，一会儿跑后台，还一个劲儿地对大家说："今晚要好好演，要拿出最好的状态，不能松懈。"大家互相看着，摸不着头脑。

李默然还是老样子，只要一入了戏，就成了戏中人，戏外的事全抛在九霄云外。那天晚上，他就是一个活脱脱的"李石清"。

《日出》落幕了，李默然和大家一起恭恭敬敬地向如海潮一般的掌声方向鞠躬。

忽然，他听到这样一个声音："周总理来啦！"声音很小，但他听得真切。往台下一看，他果然看到周总理在座席上鼓掌。

舞台上的人很激动，有人流泪，有人高喊："总理，你好哇！"周总理回答："好哇，好哇，你们好哇！"司幕的人也顾不得拉幕了，跑到舞台上向周总理致意。不知谁提醒了他，他才又跑回去把大幕拉上。

闭幕后，谁也没有心思卸装，都在激动地议论。

洛汀院长满脸笑容地走过来，对大家说："快到休息室去，总理要见大家。"大家静了下来，李默然有点发愣，他有点不敢相信这是真的。

洛汀请大家排成一队，30 余人在他的带领下，陆续走进左侧幕的休息室。

李默然看到了周总理,和在纪录片里看到的形象一样,他正坐在那里等待大家。总理看出大伙有点紧张,连忙站起来,一一和大家握手。他发现休息室内的沙发和椅子不够,就笑着说:"快坐吧,坐不下,就坐到沙发扶手上,一个沙发可以坐三个人嘛。"李默然听总理这样说,真就坐在了沙发扶手上。

总理这句话,一下子就把大家的紧张情绪消除了,大家抢着往总理身边挤,欢笑之声不绝于耳。

周总理来剧场看话剧,一方面是他对话剧的关心,另一方面也是他对话剧的热爱。

1914 年,周恩来在南开中学读书时,就非常喜欢话剧,他参加了"南开新剧团",曾和同学吴国桢等一起演过小话剧《一元钱》,据说,他的表演在同学们中间非常受欢迎。

这样说来,周总理也是话剧方面的老前辈了。

果然,周总理很内行地跟大家谈了陈白露的发饰,接着他又问:"小东西呢?"李默然等人调皮地学着周总理的腔调喊:"小东西呢?"由于学得惟妙惟肖,大家都笑了起来。

这时,演员金迪赶紧跑了过来。

周总理就又与扮演"小东西"的演员金迪亲切交谈。

谈着谈着,周总理忽然看到了刚才学他的李默然,很有兴趣地问他：“你是什么学校毕业的？都干过什么？”李默然说：“我读书不多，学过小工，当过邮差，还卖过烟卷儿……”周总理说：“你这么年轻，竟能把握旧时代的人物特征，把角色演得如此深刻，我感到很惊讶。说说，你是怎么演的？”李默然回答说：“在万导演的启发下，我回忆了旧社会卖烟卷儿时看见过的一些人；在邮局上班时，我也见过一些这样的人，觉得这些人的穿戴言行有点像李石清。”周总理听了，点了点头。

周总理又叮嘱大家：“演《日出》要注意历史背景，要请曹禺同志来看看戏，要多听各方面的意见，要好好练声，声音发出来，要让最后一排的观众听得见才好。”说到这里，秘书开始催他上车了。

周总理走出了休息室，又回身向大家打招呼。大家一拥而上，抢着和他握手告别。周总理含笑和大家一一握手。

周总理对李默然说：“你的戏不错，要好好演戏，要热爱祖国热爱人民，要表达对祖国对人民的深厚感情。”李默然点点头，他牢牢记住了周总理的嘱托。

从北京回到沈阳，李默然对表演艺术的追求更加刻苦。

1959 年，在话剧《第一次打击》里面，李默然扮演保加利亚革命家季米特洛夫。

他又进入了角色体验之中。

戏剧理论上有一种观点叫“间接生活”。为了这个角色，他真是费尽了心思。在查阅有关季米特洛夫资料的过程中，李默然偶然发现了一张珍贵的照片。

这是季米特洛夫在法庭上与德国法西斯对决的照片。季米特洛夫站在那个地方，上身前倾，双目炯炯有神，神情上透露出镇定、自信，左手的食指指向戈林。

李默然反复研究这张照片，揣摩季米特洛夫的神态，渐渐地，他发现季米特洛夫的眼神里面有他独有的精神力量。

于是，在排练时，他把伸出左手食指作为季米特洛

◎ 1959 年，话剧《第一次打击》剧照

夫的典型动作，把他眼神中那种不可征服的力量，灌注到全剧的每个环节中。这样演起来，季米特洛夫的台词、形体全部有棱有角，大开大合。

有一场戏，是正面表现季米特洛夫在审判庭上痛斥法西斯。

李默然在这场戏中，威严地站立在被告席上，居高临下，一身凛然正气，以蔑视而凌厉的目光，直逼纳粹分子所谓的指控。

他的一挥手、一扬头、一转身、一声大笑，都有呼风唤雨、挟雷带电的气概。

他的台词或叙述事实，或阐明道理，忽而三言两语，忽而长篇大论，声调铿锵，气势雄浑，字字句句深入人心，硬是把被告席变成了审判席，他在审判纳粹头目戈林。

这场戏是全剧的高潮，有近 40 分钟的时间，季米特洛夫一个人的台词就有 28 分钟，其中最长的一段竟达 7 分钟。而且，按照剧中的规定情景，他的位置一直是站在台口被告席的方寸之地，最多只能运用一点手势。除此之外，完全没有任何舞台调度。

然而，李默然硬是在如此苛刻的条件下把戏演得波澜壮阔，以他那娴熟的、高水平的台词技巧征服了观众。

◎ 1959 年，话剧《第一次打击》剧照

此剧大获成功，再一次演进了北京。

如今，人们提起李默然，除了高度赞赏他的形体艺术外，还赞赏他的台词艺术。他极富乐感的台词功夫，成为国内同行中的一绝。

最近，网上有人这样评说："什么叫台词真功夫？看看李默然演的邓世昌闯宴那一场戏就知道了。"可是，当初的李默然却不是这样的。那个时候，由于发声方法不正确，每当遇到一大段台词，他说起来总是上气不接下气。一些业内人士看了李默然的演出，连连摇头，甚至向团长提出建议，让李默然改行。这对于一般人来说，就是一种毁灭性的打击，很可能一下子就倒下了。

可是，被坎坷磨炼出来的李默然不同。听了这样的话，他不但没有被打倒，反而站立得更加坚定。

这让我们不禁想起后来他主演的《甲午风云》中的片段。相邻的军舰帅旗被打掉，邓世昌下令："命令经远、济远向我靠拢，把帅旗挂起来！"这句台词，李默然处理得是那样的铿锵有力，那样的一往无前。

年轻的李默然正驾着自己的战舰向前冲。

他和自己较起了劲儿。他们那时跟随部队南征北战，白天要演出，要走很远的路。晚上，头一挨枕头，马上鼾声如雷。可是，不管有多累、多辛苦，每天早晨 5 点，李默然是一定要起床练功的，喊嗓子，踢腿。然后，吃饭；然后，演出；然后，去图书室。

针对念台词时上气不接下气的问题，李默然一直在苦苦寻找解决方法。

恰巧这时，为了提高演员的形体水平，辽宁人民艺术剧院特地从北京聘来著名京剧表演艺术家陆喜才，作为教演员们武功的专职教师。

陆喜才在京剧界绰号"小德子"，武丑各戏无不精熟。

李默然遇到陆先生，是他的又一幸运。

陆先生不仅武功好，念白也好。李默然经常和他在一起谈天，探讨戏剧表演中遇到的问题，诉说自己念台词时经常感到气短的苦恼。陆先生被他的勤学好问感动，决定教他练嗓子。

陆先生对他说："你上气不接下气，有时嗓子哑，这主要是运气有问题。练声要从练呼吸开始，你每天早晨，把手平伸出去，然后吸一口气，喷在掌上，时间越长越好，就这么练。""好的，陆先生，我就按您说的练。"李默然说。

从此以后，收发室、宿舍、化装室等地方，都成了他向陆先生学习的教室。

陆喜才见他如此谦虚好学，又特别给他吃"小灶"，教他练嘴皮功，特别是练《法门寺》里贾桂念状那一段，他说，练这个会提高很快。

按照陆喜才的方法，李默然每天早晨 5 点起床就练功。苦练了3年，神奇的效果产生了。这时候，他再说台词，嗓子就有了润润的感觉，表演也愈发从容不迫了。

数十年来，他练就了嘴上的硬功夫，不管多长的台词，到了现场以后，只要导演说开机，保证可以说下来。只有这样做到"词顶嘴"，才能够证明是把角色、情节、人物分析透了，才有可能把人物演活了。这样认真而扎实的基本功，是李默然成功的秘密所在。

陆喜才见李默然悟性这样好，便继续向他传经授宝。

陆先生说："默然，你一定要记住，演员在舞台上，要站如松、坐如钟。'静如处子，动如脱兔。'一举手、一投足，都要有美感，不能站没站相，坐没坐相，随随便便，每个动作都要做到考究。手指伸出去也要讲分寸。比如，对爹妈，就不能照眼前一划拉，那是绝对不行的。我们戏曲演员在舞台上，每个动作都是从生活中提取来的，又经过美化，这叫艺术真实。所以，你除了要练声，还要坚持练形体，要冬练三九，夏练三伏。如此，方能得大法，成大器……"

陆老师的话，更加让李默然明白，我们的国粹是如此的高深精美。

陆老师的言传身教，让李默然受益匪浅。他说："我从陆老师身上获得的演剧常识，不亚于从斯坦尼斯拉夫斯基、狄德罗、布莱希特、梅耶荷德等大师的著作中所获得的。老师对我的帮助，我永远不能忘记。"

从小就深深喜爱中国京剧的李默然，从小就演《大登殿》《武家坡》的李默然，到现在更加深入领会了京剧表演艺术的奇妙。

他每次到北京演出，都必须要看"四大名旦"的戏。在台下，他带着笔记本，一边观看一边记录。散戏以后，他还要登门拜访求教。

李默然在向陆喜才学习形体的同时，也学习了朝鲜族舞蹈家韩玉女的现代舞和她为话剧演员亲手编的形体训练组合，还有韩玉女编的"宫廷舞""西方礼节舞"等。

李默然身边大师如云。前面说过的有塞克、严正、万籁天、陆喜才等人。20 世纪 60 年代初，一位叫黄佐临的大师又向他走来。

黄佐临是影响我国话剧艺术的大师，著名导演。

1962 年，南京军区前线话剧团编剧刘川写出了剧本《第二个春天》。这部戏表现的是：在被苏联"卡脖子"的背景下，我国人民自力更生建造海军舰艇的事迹。

剧本写完后，有关领导决定由上海人民艺术剧院来排演。可是，刘川看过辽宁人民艺术剧院的《曙光照耀莫斯科》，他很看好这个剧院，他特别希望这个剧院也能同时演他的这部戏，希望李默然能够出演剧中的一号人物冯涛。

辽宁人民艺术剧院院长洛汀正好也喜欢这个剧本，

他想排演，并且想请黄佐临来辽宁人民艺术剧院执导，借此机会，让辽宁人民艺术剧院的演员多学习。

这在当时是一件大事，洛汀的级别不能作主。于是，他请示中共辽宁省委。省委书记处书记周桓上将是个痛快的人，他接到请示，当即拍板定了下来。

这样，以《第二个春天》为媒，辽宁人民艺术剧院与黄佐临的戏剧艺术实现了亲切拥抱，李默然与黄佐临大师相遇了。

两个人是英雄相惜，李默然仰慕黄佐临，黄佐临也早就知道李默然的大名。两个人的合作，从头至尾都非常默契，并且不时地闪烁出心灵的火花。

黄佐临非常尊重李默然的创造性，并不生硬地示范他该怎么演，更多的是引导。

他在解释整个剧本时，用了一个"飞"字。他对李默然说："默然，你演的冯涛，他的基调就是快飞。有了这个基调，你的舞台节奏就找到了。"李默然听了这番话，灵机一动，说："我借用戏曲里的急急风手法可以吗？"黄佐临说："那太好了。你演一下给我看看……"

于是，李默然演的冯涛心急如焚地直奔研究所，警卫员跟在他的后面。他大步进入侧幕条，就是演员上场候场的地方，直到警卫员叫他"首长，这就是刘芝茵的家"，他才发现，自己走过了头。这个处理效果，非常

◎ 1962年，李默然在话剧《第二个春天》中饰演冯涛

生动地刻画了冯涛的性格。

黄佐临看了，拍案叫绝，"好！"

黄佐临很欣赏李默然，他对李默然说："在表演的三要素中，最后一条绝对应该是诗意。什么是诗意？那就是要美，要极其生动、具体。诗，就是浪漫主义。"

李默然若有所思地点点头，这些话对他后来的演出产生了很大影响。无论业内有多少人强调自然主义的表现方法，他都在尊重生活的前提下，坚持"高于生活"的美学原则。也正因为如此，他的艺术才会有那么耀眼的光芒。

当时，《第二个春天》作为火爆作品，全国各大戏剧院团都在争相排演，而李默然主演的《第二个春天》上演之后，立刻就成为全国同行中的上乘之作。

1964年3月31日，中华人民共和国文化部在北京举行优秀话剧创作及演出授奖大会，辽宁人民艺术剧院的《第二个春天》获得演出奖。

现在的好多演员火了之后，就浮躁起来。而李默然却不是这样，他对前辈和同辈艺术家素来抱有一种虚心学习的态度。

对中国的表演艺术大师们，如赵丹、金山、石挥、蓝马、孙道临、于是之、童超、苏民、杜澎等，他一向是膜拜有加。他多次在著作和讲话中盛赞这些大师的表演艺术，坦陈自己虚心向他们学习，并且受益匪浅。

关于电影表演艺术大师赵丹，李默然是这样说的——

"我和赵丹同志相聚的机会不多，更多的，是从他塑造的银幕形象中向他学习。当赵丹同志谈到他要塑造鲁迅、闻一多等人物时，他的眼神是那么有力，精神是那么旺盛……他具有任何棍子、帽子、辫子都打不掉、压不垮的火辣辣的创作激情，真正的艺术家的激情，这是非常可贵的。"

在《李默然论表演艺术》和《戏剧人生》两部著作中，他说——

"表演艺术大师金山同志不仅早年演《屈原》时学习民族戏曲中的精华，就是演《风暴》中的施洋律师，他向民族戏曲学习之处也俯拾即是……金山同志生前有一段话，我乐于接受。他说，没有体验，无从体现。没有体现，何必体验？体验要深，体现要清。体现在外，体验在内。内外结合，相互依存……"

"我特别欣赏孙道临同志给《王子复仇记》里哈姆雷特的配音，他不仅配得思想感情准确，而且配得优美动听。可惜，我们舞台和银幕上，这种生动的有情的语言处理还不多……"

一些青年演员不知道石挥是干什么的，有人还问李默然这位已作古多年的人在哪里。

为此，他不得不一遍一遍向青年们介绍石挥，他说：

"石挥是著名话剧、电影表演艺术家。1942年被评为'话剧皇帝'。他才华横溢，戏路宽广，善于刻画人物性格，既注重内心体验，又精于外在表现，人称'最有君王气质的表演鬼才'。"

对影剧艺术家是这样，对戏曲大师们，李默然也同样是崇尚有加。

"杨小楼、盖叫天、马连良、唐韵笙是大艺术家。"

"唐韵笙能唱文武老生，了不起。"

"盖叫天先生，为了寻找武松的一个雄鹰展翅的动作，就观察天上的苍鹰如何起飞如何降落，降落以后翅膀是什么样的。经过日积月累，最后创造了非常优美的雄鹰展翅动作，这个动作是一般武生拿不下来的，一条腿盘在另一条腿后边，两个膀子像老鹰的翅膀，美极了……"

"厉慧良到沈阳演出，我在他身上学到不少东西。他当时已经是60岁的人了，在《艳阳楼》里演高登这个花花公子、酒色之徒，身上的功夫是那样的精彩，一举手一投足，给人一种艺术上的美感。"

"袁世海与裘盛戎同属净行，声音、身段各具特色，这是自身条件。但他们的成功，主要在于表演艺术上的不同追求。他们善于寻找自身所长，反复地、长期地钻研自己塑造的形象。袁先生把张飞演活了，裘先生把姚期琢磨透了。观众不仅看到了生动的历史人物，更欣赏到了精湛的表演艺术……"

李默然从小喜爱戏曲表演，"四大名生""四大名旦"都是他极为尊崇的艺术大师。周信芳与马连良饰演的宋士杰，马连良与谭富英饰演的诸葛亮，梅兰芳与陈伯华饰演的赵艳容，都给他以取之不竭的艺术创作灵感。

他说："我承认，我在语言、动作、节奏及运用道具等各方面，都向我们的戏曲表演大师学习了，吸收对话剧有益的东西，以帮助创作角色。我建议青年演员有时间去看看京剧，这对表演艺术有百益而无一害。"

特别是京剧形体训练中的"起霸""踢腿""趟马""硬摔"，这些造就了李默然舞台上刚柔相济、以刚为主的形体。

在电影《甲午风云》中，从邓世昌进提督府、闯总理衙门等场面中，都可看到只有京剧老生名角才会有的刚健形体和有力步伐。

在形体训练中，李默然侧重对眼睛和手势的训练。在《报春花》第一场中，李红兰竟当着客人的面，冲着父亲摔掉手中的一束花，推门而去。李健（李默然饰）万万没有想到，自己的女儿会变得这么任性和粗蛮。

李默然的表演是：一下子愣住了，两只眼睛直盯着女儿走下去的方向，一动不动。半晌，他才收回目光，转向观众席，而这时，他的双眼已蓄满了痛苦的泪水。

手势在李默然看来，不是指手的简单动作，而是人物性格的外部特征。

在话剧《第二个春天》中，李默然扮演的冯涛，形体动作只有 4 个字，那就是"迅速、简洁"。冯涛一上场，首先是在幕后叫了一个板——"通讯员！"然后，小跑一样从侧幕里蹿了出来，当观众看清他的身影后，李默然则改为快节奏的大步走。冯涛的形象一下活灵活现地展现出来。

李默然的这个设计，是一个出奇制胜的创作，一改舞台上四平八稳的领导干部形象，极富个性色彩。

李默然曾是个连小学都没有毕业的穷孩子，他是如何取得辉煌的艺术成就的？回答只有两个字——学习。

李默然的气质足够傲岸，但这主要是讲他的风骨，并不等于说他是个狂傲的人。事实上，李默然非常谦逊。他海纳百川，以极其虔诚的态度对待艺术，以极其谦恭的态度向中外艺术家学习，熔百家之精髓于一炉。他长期泡图书馆，长期观摩各个剧种大师的表演，长期写创作笔记，长期密切观察生活中的点点滴滴……这种长期的坚持是一般人做不到的。

经过 40 多年的苦心冶炼、精心锻造，终于，炉火纯青的中国李派话剧艺术出现了。

其实，在 20 世纪 50 年代末 60 年代初，李默然创造的李氏话剧艺术流派已经略具雏形。

李派的总体风格，继承了延安鲁艺紧密结合时代背景，贴近百姓生活，朴实、自然、刚健的表演风格。比

◎ 20世纪60年代的李默然

如李默然在电影《甲午风云》、话剧《第二天春天》中的表演集中就体现了这种风格。

李默然善于将澎湃的内在激情与高超的技艺结合起来。爆发时，如惊涛拍岸；控制时，如渊渟岳峙；紧张时，如飘风急雨之骤至；舒缓时，如浮云冷月之悠然；粗粝时，有凭肩斗酒、风雨过江之豪放；细腻时，有小桥流水、碧草黄花之缠绵。

特别引人注目的是，他长期修炼所得的精深的台词功夫，其声穿云裂石，雄浑刚健，令人闻声不忘，气满神足，吐字清晰有力，而且富于弹性、充满乐感，又注重轻重疾徐，变化多端，务求具有表现力和感情色彩。

尤其令人称道的是，他的台词一向是与人物性格紧密结合的。不同的人物性格在不同的情境之中，能够讲出色彩纷呈的语言来。有的如行云流水娓娓道来，有的则如惊涛骇浪响彻云霄。

形体动作也同样令人赞叹。李默然既能牢牢抓住人物的整体精神特质，又能精雕细刻表现出人物个性的细节。特别是在节奏处理上，他精于层次布局，加强对比，使人物形象丰满多变、伸缩自如。这些内在的东西，再通过他高大峭拔的身材表现出来，艺术形象充满了夺人心魄的魅力。

李默然海纳百川，向不同剧种不同门派的大师汲取艺术养分，以真与美为艺术理想和追求，因此，他的表演真挚自然、平易松弛，形象挺拔，气魄雄伟浑厚、潇洒豪放，形成他独具的表演艺术风格。他将自己对表演艺术的探索和经验总结出来，发表了《李默然论表演艺术》《戏剧人生》等专著。

在《李默然论表演艺术》中，李派表演艺术有"四品"与"三化"的特点。"四品"是"大江东去"与"潺潺流水"并用，"曲径通幽"与"异峰突起"并用，这个特点后来被理论界称为"李默然表演理论四品说"。

"三化"是消化、变化、融化，指的是演员在表演过程中需要经历的三个阶段或方面。

消化，是指演员需要对剧作家写在纸上的剧本内容，以及导演阐述的内容进行深入理解和吸收，即消化剧本文本和导演意图。

变化，是指在这一阶段，演员需要将自身的"我"转变为角色的"他"，实现角色与演员的分离，进入角色的世界。

融化，最终，演员需要在舞台上呈现出立体的、有个性的、有特色的角色形象，这种形象既是角色又不是完全脱离演员本身，达到一种二者交融的状态。

李默然的"三化"理论强调演员在角色创造过程中内心的体验和转变，是表演艺术中的重要指导理论。

此外，李默然还提出"活人演活人给活人看"九字真经，这也是李派表演艺术的一大特点。

第一个"活人"，指的是演员自身；第二个"活人"，指的是角色；第三个"活人"，指的是广大观众。

如此看来，从第一个"活人"至第二个"活人"正是体验过程，而从第二个"活人"至第三个"活人"，当然就需要美好的、完整的体现了。

这恰好完成了体验与体现相结合的主张。同时，也说明了表演艺术的最高、最终目的是为观众，这些思想观点都成为我国戏剧理论的宝贵财富。

当时的艺术界公认，我国话剧有三大流派：以北京人民艺术剧院和中国青年艺术剧院为代表的京派话剧；以上海人民艺术剧院为代表的南派话剧；以辽宁人民艺术剧院为代表的李派话剧。

著名剧作家黄宗江是第一个将李默然的表演风格上升为"李派"的。他说："为李派话剧创造作出重大贡献的，就是李默然。他的表演风格是写意与写实的完美结合、体验与体现的完美结合、西方朗诵与中国戏曲念白的完美结合。"

李默然以其成功的艺术实践，在国内话剧舞台上独树"长枪大戟雄浑壮伟"的李派大旗，确立了自己在中国话剧文化大系中的重要地位。对中国话剧，特别是中国北方话剧有着深刻的影响。如今，在辽宁人民艺术剧院有一批又一批的青年演员，成为李派艺术的优秀传人。

2007年，是中国话剧百年诞辰。与话剧一起走过整整一个甲子的李默然专程来到上海，在第 17 届上海白玉兰戏剧表演艺术奖颁奖晚会上，被授予白玉兰戏剧表演艺术奖"终身成就奖"。

在他出演了 28 部歌剧、话剧之后，电影《甲午风云》的导演找到了他。

　　谁也没有想到，从此，一部中国电影史上的经典诞生了。

　　"邓大人"成了他另外一个名字。

- -

探索成长之路，解读智慧人生，
本章内容，扫码收听。

20 世纪 80 年代，中国文艺迎来了春天，戏剧舞台繁花似锦，而由于特殊的历史原因，辽宁人艺的话剧表演队伍却略显青黄不接，于是就调进一部分新人。李默然总结了自己多年的演剧经验，将斯坦尼斯拉夫斯基的表演体系和中国的戏曲表演方式方法进行了融会贯通，多次给中青年演员授课，并提倡辽宁人民艺术剧院要形成自己的演剧风格，强调要逐渐形成关东演剧学派的理念。

1982 年，拍摄于辽宁人民艺术剧院排练场

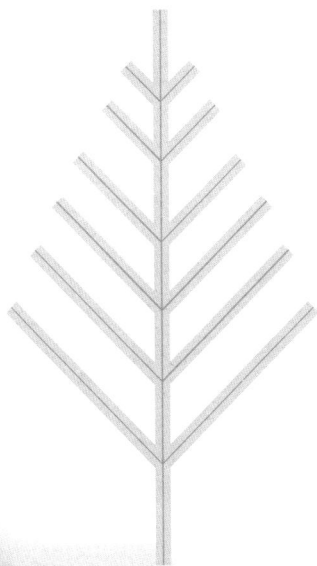

第七章

33 岁的他初涉银幕，演活了不朽的民族英雄邓世昌

1959 年，在李默然主演话剧《第一次打击》大获成功的同时，由电影表演艺术家赵丹主演的电影《林则徐》公映了，在全国反响十分强烈，从专家到普通观众，好评如潮。

当时的吉林省委第一书记吴德看了赵丹主演的《林则徐》后，大为赞赏，连连说："好！好！"

吴德给长春电影制片厂厂长亚马下达了新的任务："今后还是可以生产一两部重大历史题材影片的，像上海的《林则徐》，很受观众喜爱。我们也可以搞一搞这样的片子嘛！"

真是巧极了。

在上一个年度，也就是 1958 年，中国人民解放军海军北海舰队政治部为新中国成立 9 周年创作献礼作品，专门成立了一个创作办公室，叶楠被临时抽去搞创作。

叶楠那时候只是个潜艇工程师，平时酷爱文学创作，并有大量作品发表在报刊上。进入创作室以后，叶楠很快开始了他献礼作品的创作准备。沙里淘金，终于，在范文澜的历史著作《中国近代史》中，他发现了"甲午大海战"这个金子般的题材，认为其中有戏可做。在查阅了大量历史资料之后，他写出了电影文学剧本《甲午风云》。

这个剧本的剧情是这样的——

1894年，蓄谋侵华已久的日本帝国主义在中国领海内肆意挑衅、制造事端。北洋大臣李鸿章及其亲信"济远"舰管带方伯谦等极力主张求和。

日寇得寸进尺，击沉了中国商船。以"致远"舰管带邓世昌为代表的爱国官兵和威海百姓坚决要求对日作战，但邓世昌两次请战都遭到李鸿章的拒绝。最后一次请战，他竟然被革职。

日寇不宣而战，民愤四起，李鸿章被迫起用邓世昌。

在海战中，北洋水师右翼总兵刘步蟾贪生怕死，故意打错旗号，致使北洋舰队出师失利，旗舰被日舰击沉。

邓世昌代替旗舰指挥作战，率领"致远"舰官兵英勇战斗，击中日军旗舰"吉野号"，最后因为炮弹打光了，邓世昌决定驾舰撞沉敌舰"吉野号"，但"致远"舰不幸被日军火力击中引发爆炸，全舰官兵壮烈牺牲。

这个剧本以19世纪末甲午中日战争中丰岛、黄海两次海战为主线，将在这一历史事件中人民群众和爱国官兵反侵略、反投降的爱国主义精神予以淋漓尽致的表现。

作为一位民族英雄的形象，邓世昌主动请缨、英勇善战、气壮山河的英雄壮举是剧本表现的重点。

人们可以从邓世昌对投降分子愤怒斥责、请战和阅兵时的慷慨陈词，到决定撞沉敌舰以死报国等一系列行为动作，深切感受到这一形象的深刻思想和艺术价值。

剧本在处理这一历史题材时，追求凝练、明快、浓烈、深沉的艺术风格，使之充满令人振奋的浩然正气与悲壮力量。特别是对广大青年的爱国主义教育，产生生动的影响。

消息传到了长春电影制片厂，有关领导调来了剧本，阅读后觉得不错。但投资拍这么宏大的历史片，亚马厂长很慎重，思来想去，他决定把剧本发表在厂里主办的杂志《电影文学》上，看看读者的反应，最后再做决定。

剧本在《电影文学》1959 年 5 月号刊出后，正如人们所料的那样，读者反响十分热烈，他们来信称赞《甲午风云》的出现"是一颗飞天的卫星"。

刚刚组建的海军政治部话剧团捷足先登，将电影剧本改编成话剧《甲午海战》，作品一上演，就受到戏剧界、史学界的重视和好评，称之为"近代史题材创作中的一次新的尝试"。沪剧等其他剧种的剧团领导见状，也都竞相移植。

一时间，围绕着《甲午海战》，在中国文艺界形成了一股热潮。

投石问路，现在路线清晰而明朗，厂长亚马心里这回有了底数。

1959 年 8 月的一天，亚马找来著名电影导演林农，对他说："马上拍《甲午风云》，你来导。"林农说："我能行吗？对那段历史，我没有太多深刻的认识。"亚马说："你不拍谁拍？就是你了。我现在就借叶楠同志来改剧本。你要抓紧选演员，干吧！"林农点点头，一面思索，一面离开了厂长办公室。

接受《甲午风云》的拍摄，林农虽然有点意外，但对这片子拍摄的来龙去脉，他还是很清楚的。

他知道省委第一书记吴德和亚马心里想的是什么。他们是想与《林则徐》一决雌雄，让长春电影制片厂和上海海燕电影制片厂"掰掰手腕"。

那么，男一号的挑选，就显得特别重要了。

新片《林则徐》，林农看过。作为业内的专家，他的第一感觉，就是赵丹先生又创造了一座难以逾越的高峰，就目前而言，国内几乎没有人可以与之抗衡，更别说是超越了。

要想挑战《林则徐》，首先必须挑战赵丹。

那么，有这个人吗？他是谁呢？他在哪里？

林农想起的第一个人选是大艺术家金山。

20 世纪三四十年代，在大上海，金山几乎与赵丹齐名。

虽然他登上银幕比赵丹晚 3 年，但金山塑造的银幕形象却与赵丹一样富于感染力和震撼力。只是新中国成立后他主要从事导演工作，很少出演电影了。

金山与长影有深厚感情，他导演的第一部故事片《松花江上》，就是在长春电影制片厂的前身东北电影制片厂拍摄的。

有这样一层历史渊源，林农满以为有把握请得动金山。

林农向北京发出了邀请函。

可是，结果出乎他的意料。金山因正在执导电影《风暴》并在片中饰演大律师施洋，实在是抽不出身来。

得知结果，林农发了好一阵呆。

金山的缺席，让林农和赵丹挑战《林则徐》的雄心变得渺茫。此后，他几乎走遍了全国各大电影制片厂、话剧院团，也没有找到邓世昌的合适扮演者。

鬼使神差，林农在沈阳停下脚步，他要看看延安鲁艺时期的老同学洛汀，洛汀时任辽宁人民艺术剧院院长。

洛汀对他的招待，就是请他看正在演出的话剧《渔人之家》。这是一部反映阿尔巴尼亚人民反抗德国法西斯侵略的话剧，由大艺术家万籁天导演。

戏，开演了。

林农看着看着，剧中那个扮演姚努兹·布鲁格的演员深深吸引了他。

他向坐在身边的洛汀打听，才知道这就是在话剧界大名鼎鼎的青年演员李默然。

洛汀还告诉他，金山先生的夫人孙维世刚刚来剧院了，要调李默然到中国青年艺术剧院。李默然说："我不能去。我是东北培养出来的，我是辽宁人民艺术剧院培养出来的，我的根在这里，我要报答辽艺。"孙维世遗憾地点点头，然后说："李老师，如果有一天你改变主意了，随时可打我的电话，青艺的大门永远向你开着。"

孙维世，林农当然知道，那是周恩来总理的养女，金山的夫人，中国实验话剧院的副院长、总导演，被称为新中国戏剧奠基人、新中国三大青年导演之一。

这是一次特别的机会，进京，上大舞台，但李默然为了家乡、为了培养他的剧院，毅然放弃了。

"这人有情有义呀！"林农暗暗在心里叹道。

他听了李默然的台词，看了李默然的形象，其表演像西方的乐曲，也像东方的书法，波澜壮阔，张弛有度。林农的眼睛大放光芒。

戏散后，林农和洛汀软磨硬泡了一阵，洛汀才答应他借李默然去《甲午风云》剧组。洛汀说："李默然是院里的台柱子，他主演了多部话剧，眼下这部《渔人之家》已接到文化部邀请，要进京演出了。"林农连忙说："是是是，这些我都知道。放心，我一定重用他。"

然而，林农当时的想法，还不是让李默然演邓世昌，而是让他扮演李鸿章。

其实，洛汀在内心里特别希望自己的演员能够"触电"，因为他有个说不出来的隐痛。

有一次，辽宁人民艺术剧院在青岛演出。计划本来都是安排好的，辽宁人民艺术剧院的作品作为主打项目。可是，忽然上海来了支演出队伍，计划一下子被打乱了，竟然把辽宁人民艺术剧院的剧目给挤没有了。

观众纷纷跑到上海团那边去了。

洛汀挺奇怪："这是怎么了？"

他派人去一打听，原来上海那边的戏里边有电影演员康泰。康泰当时刚刚主演完著名影片《青春之歌》，正受欢迎着呢。主办单位当然要为他让路，观众自然也要去看明星的风采。

这件事对洛汀的刺激特别大。他开始积极与长春电影制片厂等电影厂接触，并已于两年前放出另一个台柱子王秋颖到长影拍电影了。眼下这个机会，他当然不会放过。

洛汀爽快地答应了林农。

这个时候，李默然对《甲午风云》的事还一无所知。

李默然回忆说——

"1960年3月，冬雪未尽，春意来迟。我乘上沈阳到长春的旅客列车，奔赴长春电影制片厂，完成借调拍摄电影的任务。这是一项新任务。可我却不知去拍什么电影、演什么角色。因为院长洛汀交代我这项任务时，话说得极为简单，'长春电影厂要借你去拍一部电影，我们同意了，你明天就去吧，他们会有人在车站接你'。"

就在这一年，李默然以安业民的英雄故事写成了剧本《海边青松》，并扮演剧中的团政委，这部戏获得文化部大奖。他出席了全国文教群英会。这时的李默然，已经是文艺界的青年英模。

长春，李默然对这个东北文化名城并不陌生。

1950 年冬天，李默然曾跟随文工团到这里慰问志愿军将士们，在这里，他和同志们演出了话剧《侵略者的下场》，他在剧中扮演一个美国军官。

那时，他看到的是一片人民当家作主的自由的天空，看到的是人民支援前线的热烈氛围。

那时，他还不知道这座城市要和自己发生一段传奇。即使是在此刻，即将走出火车站站台，他仍然不知道这座城市将会把他推向表演艺术的新高峰。

"在长春火车站，一位中年人看到了我。他自我介绍说：'我叫刘文华，是电影《甲午风云》的副导演，导演林农同志让我来接你。'到这时，我才知道我是来拍《甲午风云》的。

"到了当时长影的第一招待所，刘文华同志带我走进一间房子。我看到两个人正在伏案工作，一位身材高大健壮，另一位个子矮小，梳平头短发，头发稍显花白。刘文华介绍说：'这是导演林农同志（指小个子），这位是摄影师王启民。'我一一握手、问好。刘文华又说：'这就是李默然。'"

神奇的事情就在这个瞬间发生了。

摄影师对形象最为敏感，更何况是拍摄过经典影片《芦笙恋歌》的摄影师王启民。

王启民一见李默然，眼睛瞬间亮了起来，马上被他硬朗的形象所吸引。于是，他讲出了新中国电影史上非同小可的一段话——

"林导，你还找什么邓世昌啊，这不是来了吗？就是他。你看他的身材、他的眼神、他的气质！不要找了，就是他！"

林农听了王启民这句话，定睛看了李默然一眼，果然，他看到了一个气宇轩昂的"邓世昌"！

于是，林农拍板："小李，就这么定了，你，邓世昌！"

若干年后，李默然回忆说："我是'捡'了一个邓世昌。"

一个"捡"字，他说得过于谦虚了。

机会给每个人都差不多是平等的，但李默然从来都是时刻准备着的，因此他是有备而来。

从 1945 年的第一部戏《保险箱》开始，到 1960 年接到林农的邀请，他已经排演了 28 部歌剧、话剧。同时，他还写了一部戏，叫《海边青松》；导了一部戏，名叫《妇女代表》。

◎ 33岁的李默然

15 年中，他平均一年创作两部戏。这样的准备，应该说是足够充分了。而且，还不只是量的储备，更是一次又一次质的飞跃，频频被调进京演出，频频吸引全国同行来学习，这已经让他光芒四射了。

机会总是留给有准备的人。然而，走上银幕还需要伯乐。

李默然获得"邓世昌"这个角色，首先要感谢摄影师王启民的慧眼。

当时的长春电影制片厂，是个明星云集的艺术殿堂。

这里活跃着浦克、王心刚、庞学勤、郭振清、李亚林、达奇等一大批明星演员，但这没有吓倒李默然，他只是在心里悄悄地说了一句："长影，我来了！"

林农这个拍板，并不仅仅是因为王启民的一句话，还因为李默然身上的凛然正气，以及他名噪全国的话剧表演艺术。

可是，长春电影制片厂的其他人却不都是这么想，也不都是这么看。

有相当一部分人认为，李默然只是一个话剧演员，第一次上银幕，就把这么重要的角色给了他，让他去与赵丹争锋，这绝对不行。再说，那时李默然皮肤粗糙，满脸青春痘，和当时流行的皮肤光滑的银幕英雄相差太远了。

一时间，电影厂上上下下一片哗然。

好多人向林农建议换人，而且态度比较坚决。就在"换人"的呼声一浪高过一浪的时候，倔强的四川人林农没有被这些所左右，他的一句话与王启民最初讲的那句话构成"妙对儿"："英雄脸上都有疙瘩，脸上没疙瘩的人不是英雄！"

导演说话了，其他人就不说话了。大家拭目以待，有人甚至是在等着看笑话。

"李鸿章"就这样变成了"邓世昌"。那么，谁来演李鸿章呢？林农想来想去，他想到了辽宁人民艺术剧院的另一位著名演员，那就是我们前面说过的王秋颖。

林农看过他在1954年和1958年拍的电影《英雄司机》和《花好月圆》，认为这个人有过人的表演天赋，他能够胜任李鸿章这个角色。后来的事实证明，王秋颖太胜任了，他演的李鸿章是那么的不可替代。

林农的风格，就是说干就干。他操起电话，打给了洛汀，他要调王秋颖来拍戏。

就这样，王秋颖又北上来支援长春电影制片厂了。

那天下午，王秋颖走出火车站，看到长影的朋友开车来接他了。更让他喜出望外的是，还有分别了几天想得慌的好朋友李默然。

李默然笑容可掬地看着他，并快步上前接过他的行李。

火车站离电影厂有很远的路，两个人在车上唠起了剧院的事。李默然说："我很想念大家。"王秋颖理解当时正担任副院长的李默然的心情，他想大家，也是放不下院里的工作。于是，给他讲了院里最近的情况。王秋颖说："院里一切正常，你就放心在这里拍电影吧。"李默然点点头。

两个人说着话，车子也就开进了长春电影制片厂大院。

李默然领着王秋颖到了长影第一宿舍，这是长影的演职员与外来演员共同居住的综合楼。

李默然对老大哥说："我们两个人住在一个房间，这样，你可以多帮帮我，我刚拍电影，不懂的地方多了。"王秋颖说："默然，你一定会演好，我心里是有数的。没问题，有事咱们俩一同琢磨。我有预感，这部片子拍完你就要火起来了。"李默然一笑，说："你别逗我了。"王秋颖说："你看你不信，我敢与你打赌。这本子，你这形象这气质这台词，你看吧，我这话撂在这儿……"

把"邓世昌"这样一个重担压在身上，李默然虽然生就天不怕地不怕的性格，但还是有那么一点紧张。

"触电"对于他来说，毕竟是第一次，自己能够适应水银灯下的表演吗？

在林农和王启民的鼓励下，李默然的信心很快建立了起来。经过几天的思考，他对林农说："导演，我想清楚了，不管话剧与电影有多么大的不同，但基本规律应该是一致的，都是要先理解剧本、认识角色、认识人物，然后再去表现人物。"

林农听了，喜出望外，他没有想到这个年轻人对电影表演有如此准确的认识。

林农说："小李，你说得对，就凭你这句话，我就没看错你，放胆去演吧！"有了林农这句话，李默然的心里更有底了。

当时，地方图书馆没有多少关于甲午战争的资料，李默然等演员被林农派到北京图书馆去查阅。

到了北京，李默然一头扎进了图书馆。他要深入了解甲午战争、了解邓世昌。那些日子，他很少有半夜两点钟前回宾馆的时候，案头工作做得特别细致。

在接下来的日子里，他又去采访刘公岛上一些七八十岁的老人，从他们那里了解到史书上没有看到的细节，也从当年的清宫太监身上学习一些清廷礼节。广泛的采访与调查，使他心里的底气逐渐增多。

慢慢地，他走进了1894年的清朝，走进了北洋舰队。

李默然看到了甲午海战，看到了日本侵略者的嚣张，看到了清廷卖国派的无耻，更看到了中国人民不畏强暴英勇抗击入侵者的爱国表现。

那么，邓世昌是怎样一个人呢？

李默然在接触剧本之前，对这个人物没有什么太深的印象。他翻开剧本，一路读下去，当看完最后一页时，像被雷电击打过一般，他震撼不已——"天哪，这才是中国人！这才是鲁迅先生说的中国的脊梁！"他忍不住拍案赞叹，热泪盈眶。

就这样，邓世昌缓缓向李默然走来——

邓世昌（1849—1894），广东人。父亲邓焕庄经营茶叶生意，在广州及天津、上海、武汉、香港、秦皇岛等地开设祥发源茶庄。买卖做得很红火，因而家资雄厚。

邓世昌年少志大，认为读书应该"经以致用"，蔑视用知识去换取功名。跟随父亲移居上海后，他特别向外国教师学习算术、英语。他是一个睁眼看世界的青年。

18 岁的邓世昌考取了船政学堂驾驶班，这是他施展爱国抱负的起点。

毕业后，邓世昌随船巡历南洋各岛，历任兵船大副、兵船管带。

1879 年，李鸿章筹办北洋海军，邓世昌得到重用。因为立下战功，他被清廷授予"勃勇巴图鲁""葛尔萨巴图鲁"（巴图鲁，满语"英雄"之意）。

1894 年 9 月 17 日，在大东沟海战中，邓世昌指挥"致远"舰奋勇作战。在日舰围攻下，"致远"舰多处受伤，最后全舰燃起大火。

邓世昌鼓励全舰官兵道："吾辈从军卫国，早置生死于度外，今日之事，有死而已！""倭舰专恃吉野，苟沉此舰，足以夺其气而成事。"说罢，邓世昌毅然驾舰全速撞向日本主力舰"吉野号"右舷。

日本军舰的官兵看到这种情况，大惊失色，集中炮火向"致远"舰射击。邓世昌指挥战舰左躲右闪，不幸，一发炮弹击中"致远"舰的鱼雷发射管，管内鱼雷发生爆炸，导致"致远"舰沉没。

邓世昌坠落海中以后，他的士兵用救生圈去救他，被他拒绝，他说："我立志杀敌报国，今死于海，义也，何求生为！"遂与全舰官兵250余人一同壮烈殉国。

李默然看到这里，全身的热血沸腾起来。他双拳紧握，喊出那句震撼九霄的台词："开足马力，撞沉吉野！！！"

他对邓世昌的第一感觉，就这样找到了。

若干年以后，李默然说："我与邓世昌的心是相通的，我爱我的祖国。我痛恨日本人。我曾经失去祖国，做了十四年的亡国奴。我挨过日本警察的打，我在舰艇上喊出来的台词，是全体中国人的怒吼！"

不知熬过了多少个夜晚，反复揣摩研究，经过与王秋颖等人的再三切磋，李默然脑子里的邓世昌是这样的——

"有强烈的爱国思想，置个人生命于度外。爱兵爱民，性格倔强，不畏强权；洁身自好，含而不露，疾恶如仇；行动敏捷，声音铿锵……"

有了这样一个基本轮廓，每一场戏的脉络也就清楚了。李默然拿起笔来，飞快地写着"角色日记"——

"从渔村与军民同饮，为百姓代写、转奏万民折，到天津总理衙门闯宴，我认为这是表现邓世昌思想、性格的最重要之处。邓世昌在戏中的连贯思路应该是这样的——力谏朝廷对日宣战，从而实现自己和百姓驱逐倭寇的理想。

"他的思想基础，既有他自身的爱国主义精神，也有百姓对他的支持与推动。他了解人民内心的愿望，他和渔民、水兵同仇敌忾。但他又是朝廷的军官，大敌当前，他幻想朝廷以及李鸿章能够以国家为重，听从民意。这是由他的出身、他所受的教育、他的历史局限性所决定的。所以，他虽然满腔激愤愿意为民请愿，可是，到底胜算有多少，心里也没有底。他的对手是权倾一时的李大中堂，这不能不让他内心充满矛盾——"

李默然耐心细致地做着角色分析。

他把自己对邓世昌形象的设计与林农等人说了，林农听了，大喜过望，他说："小李，你分析得非常准确，超乎我的想象！你就这么演，我看非常好。"听了导演的话，李默然最初的紧张感悄悄消失了，胸中已有了百万兵，他的目光里充满了自信。

当他走进摄影棚时，已经是邓世昌了。他的形体、眼神、语言，全部邓世昌化。特别是语言，洋洋数千字，他一字不落地烂熟于胸，而且每一个字都感情饱满，都被他赋予了生命。

盛夏，在水银灯的高温蒸烤下，身穿长袍的李默然燥热难耐，刚刚酝酿好的情绪跑得无影无踪，他有些不适应了。

这可怎么办？马上就要实拍了。

这时，他发现饰演丁汝昌的老演员浦克却神态自若。

李默然走过去，对浦克说："浦老师，天太热了，怎么办，我一点感觉也没有了。"浦克听了，淡淡一笑，说了句颇有哲理的话："心静自然凉。"聪明的李默然当即领悟。

他找了一个角落，置身于邓世昌的角色之中，酝酿感情。神了，很快，"邓世昌"又回到了他身上——

邓世昌带着郁闷从方伯谦的庆功宴上走出来，他和林永升本来是到海边散步的。就在这时，他迎面看到百姓和水兵们在喝酒。百姓敬来一碗酒，他一饮而尽，目光中有喜悦，也有激愤。他为水兵作战勇敢而喜，为方伯谦等人贪生怕死、丧失国格而气愤。

这碗酒，他喝得干净利落，而且意犹未尽。

这时，渔民李大爷提出上万民折，请求朝廷对日下战表。

邓世昌的表情先是一惊，因为这弄不好是要被朝廷视为造反的。可百姓的这一行为恰恰是自己的愿望。所以，他"惊"完之后，立即转向林永升，用目光去询问林永升。

同样也是爱国将领的林永升，是民族英雄林则徐的族孙，他当然赞同百姓的请求。

林永升微笑着点头。

所以，当李大爷追问了一句："这奏折到底上得上不得？"邓世昌才会顺势接住，脱口而出："上！"

仅仅一个字，李默然却处理得十分刚健，把邓世昌的意志与决心表达得淋漓尽致。

李大爷听了，面露难色，说："可是邓大人，我们不会写，就是写了，也没有人给我们转奏哇。"听了这话，邓世昌的激情熊熊燃烧起来。

于是，李默然说出了影片中的金句："国家兴亡，匹夫有责。百姓们如果信得过我邓世昌的话，我愿为代写代奏。"台词并不长，但节奏鲜明、感情激昂，把邓世昌与百姓深沉的爱国心紧紧绾在一起。

天津请战这场戏，李默然费尽了心思，把邓世昌推到了朝廷内部矛盾的焦点上。

李默然想，我既要表现出邓世昌伸张民族大义的一面，又要表现出他对李鸿章怀疑中的期待。

邓世昌在庭院中踱着，虽焦急，但仍怀有期望。直到他真切地听到"中堂在宴请洋人乞求调停"时，他的期望才从天上掉到地面。

他轻轻地问丁汝昌："军门，中堂这……"老练的丁汝昌说："世昌，这次面见中堂，当讲则讲，不当讲的，暂且不讲！"李默然这时让邓世昌的脸上掠过一点醒悟的感觉，但幻想仍未完全消失。

这些十分细腻的表情变化，让林农和王启民大吃一惊，在场的其他演职员也都目瞪口呆，这哪里像个第一次上银幕的人哪？这演技太成熟了！

大家继续静静地欣赏着李默然的戏。

接下来是披着美国外交官外衣的日本政府特使罗皮尔威胁性的语言："北洋舰队如再轻举妄动开出去惹是生非，我们中立国就很难讲话了……"

"啪！"邓世昌手中的扇子猛击在桌上，同时，是一句掷地有声的台词："胡说八道！"水果盘子掉在地上。

摄影棚里静得出奇，人们吓了一跳。

李鸿章阴沉地问："谁在二堂喧哗？"

人们睁大眼睛，看李默然怎样往下进行。

李默然让自己的额头渗出了冷汗，他忙用巾子擦去。然后，让自己镇定了一下，从容地拉开门，两扇门缓缓向后闪去。

邓世昌高大的形象特写，由远及近。

面对罗皮尔，邓世昌气贯长虹地一吐胸中块垒："尊敬的罗皮尔先生，难道我大清保卫自己的江山是轻举妄动？难道我北洋水师出海抗击倭寇的侵略是惹是生非？难道倭寇卑鄙地偷袭不宣而战反倒是我大清的肆意挑衅？难道我们只有任人宰割坐以待毙你们才好说话？简直是颠倒黑白一派胡言！"

只一遍就成了，无须返工重拍。

摄影棚里一片宁静，人们瞪大了眼睛。

太棒了！这台词功夫，简直是出神入化！人们暗暗惊叹。编剧叶楠写的是烈火一样的诗，李默然说出来的是重磅炸弹。

时至今日，一些男考生在考话剧团、电影演员时仍在模仿李默然这段经典台词。

应该说，李默然这时的表演已进入了成熟期。

电影中有两个引人入胜的道具，即那把扇子和琵琶，李默然在使用上可以说匠心独运。这都是他自己设计的。

在第一次拍摄时，李鸿章宴请洋人，李默然饰演的邓世昌气愤至极，推门而入。在场的同志们看了，纷纷提出不同的看法。大家一致认为，邓世昌不管多么激怒，也不会不顾礼法地犯上。这样做，就把邓世昌演成了有勇无谋的鲁莽武夫。

李默然想了一下，认为大家说得有理，邓世昌不应该是那样的。于是，他又开始重新设计。

忽然，李默然想起戏曲中诸葛亮手中的羽毛扇。

他想，如果在二堂等候时，手里有把扇子，能够在节奏上缓一下，增加思考的戏份儿。于是，他对林农说出了自己的想法。

林农听了，特别兴奋，说："好，好，好！小李，你真聪明，在接下来闯宴时，也用这把扇子作引介。你这是个神奇的设计。"

镜头再次对准了李默然——

二堂里，邓世昌听到列强们在讹诈李鸿章。他离开了窗口，低吼道："讹诈！"刚一转身，一个侍女端着果盘向他走过来，对他说："大人请随意。"

扇子这回派上用场了。

邓世昌无心去听侍女的话，更无心去吃那盘水果。他烦躁地打开扇子，频频地扇动着。倒不是真的燥热到那种程度，而是他心中有愤怒，摇扇是他此时此刻表达愤怒情感的唯一方式。

恰好在这个情节之后，日本特使罗皮尔又得寸进尺地威胁李鸿章。

罗皮尔话音刚落，邓世昌用力把扇子合上，往桌上一击，果盘应声落地，同时是一声爆响。李鸿章在叫，邓世昌擦了擦额头的汗，然后，昂然而入……

这一连串动作，自然准确地传达出了邓世昌复杂的内心世界。

紧接着，是闯宴怒斥罗皮尔。

林农对李默然说："镜头从你进来的中景推至近景，最后是特写……"

李默然听了这句提醒，当即对自己的眼神和语言进行了处理。进来时，眼里带着冷笑，随着语言节奏的上升，眼神从激动到气愤，直至喷射出怒火。

请战没有成功，反而遭到训斥，甚至差点被罢官。这一段如何表现邓世昌的满腹忧虑呢？

话剧《甲午海战》是用在海边舞剑的方法，李默然认为，这个方法没有多少新意，这和赵丹演林则徐郁闷时打太极拳有重复之感，而且表现得也不太贴切，甚至难以传达出邓世昌内心那份沉重感。

他想起史料上记载邓世昌善于吹箫，于是，他拿起了箫。可是吹完之后怎么办呢？简单的方法就是踱来踱去，双眉紧锁。但这是沿用老方法，不是创作。

李默然又否定了这个方案。

这时，作曲家张棣昌忽发奇思妙想，让人为他弹奏了一首琵琶曲《十面埋伏》。

李默然听着听着，慢慢进入邓世昌的内心深处，他的情绪由低沉变得激昂起来……

于是，就有了邓世昌月夜弹琵琶的一场戏。

在这场戏里，李默然没有太大太多的形体动作，只是怀抱一把琵琶由缓到急地弹着，直到高潮之时，琴弦崩断……

李默然放下琵琶，缓缓走上甲板，一字一顿地说："弟兄们！此次天津请战，我邓世昌辜负了大家的嘱托。明日中堂要亲临威海检阅北洋水师，我邓世昌纵冒杀头之罪，也要再次向中堂请战！"

这段台词，李默然自己说得满眼蓄泪，在场的人们听了荡气回肠。

林农高喊："卡！"李默然却像没有听见一样，情绪久久沉浸在戏里。

林农特别喜欢喝酒，而且喜欢在拍摄现场一边拍一边喝。没有酒，他的创作就不能尽兴。

看李默然演到这里，他突然放下酒杯，对长影的演员们说："你们好好看看，看看辽宁人民艺术剧院的艺术家是怎么演戏的。看看李默然，看看王秋颖。我真是很难相信，李默然能演得这么好。张弛有度，挥洒自如，台词功底极强。我不用看镜头，只听着他说话，脑子里的画面就特别清晰。他从没有演过电影啊，李默然很厉害，他天生就该是个大演员哪！"

影片拍到最后，邓世昌亲驾军舰，把大辫子往后一甩，勇猛地冲向敌人。

在现场看实拍的人们惊呼："神了！"

那个甩辫子的动作剧本里没有，是李默然自己设计的，那真是神来之笔，把邓世昌的"巴图鲁"气质一下就突现出来了。

这个动作，李默然是从京剧中借鉴来的，是他长期学习京剧的结果。

有人悄悄说："中国银幕从此有了雄狮般的男人！"

拍摄过《战火中的青春》《独立大队》的长影导演王炎对李默然说："你虽然是第一次拍电影，但你抓得

很准，懂得在镜头前利用眼神来表现……"

李默然说："斯坦尼斯拉夫斯基说，眼睛是心灵之窗。其实，在我们中国的戏曲遗产里早就有关于演员要心里有数、眼睛有神的经验之谈。我受京剧的影响很大。"

李默然在剧组里整整一年，几乎每天都要工作到深夜，白天拍戏，晚上写表演手记，阅读与甲午海战相关的史料。

他的勤奋刻苦在辽宁人民艺术剧院、在长影的青年演员中是出了名的。

电影进入尾声。

样片出来了，长影上下由当初的一片质疑变成现在的一片惊叹。

人们这才意识到，原来脸上有疙瘩的演员是可以把英雄演好的，而且可以塑造出如此卓越的邓世昌。

1960年底，吉林省委第一书记吴德到长影审查《甲午风云》。在提出一些修改意见后，他指出："李默然同志扮演的邓世昌可以与赵丹同志扮演的林则徐相媲美，他演得很好，既有总体的民族精神，又有邓世昌个人的英雄气质。"

省委第一书记一句话，电影《甲午风云》放行了。后来，人们说，老革命家吴德对新中国电影是有重大贡献的，经典影片《甲午风云》的孕育与他有关，最后的"接生婆"也是他。

◎ 李默然在电影《甲午风云》中扮演邓世昌

1962 年初，《甲午风云》在全国公开放映。很快，这部电影掀起了一个巨澜。

亿万观众一下子被"邓大人"深深吸引，他的"痛斥洋人"，他的"泣血请战"，他的"开足马力，撞沉吉野"，是那样的震撼人的灵魂。

关于如何塑造邓世昌的形象，李默然后来自己总结道："我是借鉴戏曲表演艺术之长，主要是利用逼人的眼神、挺拔的形体、铿锵的语言，而这三者，我无一不是经过反复的揣摩、雕琢和提炼，逐步完成的。"

◎ 1962 年，电影《甲午风云》剧照

银幕上的光彩照人，来源于银幕后的千锤百炼。

李默然虽有表演天赋，比如他的形象、他的声音，但最终成就他的，还是他的勤学苦练。

10 多年的话剧表演，他记了数十万字的笔记，这是一般演员做不到的。这次更是如此。

1983 年，《甲午风云》获葡萄牙第 12 届菲格拉达福兹国际电影节评委奖。

《甲午风云》至今仍在世界各地广泛放映，站立起来的中国人时时以甲午海战为警钟，以邓世昌为爱国主义的英雄楷模。

1964 年春天，李默然因为在《甲午风云》中成功塑造邓世昌的形象，而被广大观众投票成为第三届电影百花奖最佳男演员。后因种种原因，第三届百花奖取消。然而，邓世昌的英雄形象永远矗立在广大观众心中。

35 岁的李默然，从此又有了一个家喻户晓的新名字——"邓大人"，这一叫就是半个多世纪。

《甲午风云》他演得气势磅礴，到了《兵临城下》，他的节奏又特别松弛。尽管背景是硝烟弥漫、炮火连天的战场，他饰演的"姜部长"却笑容可掬，举止言谈如行云流水一般，既坚持了原则，又充满了人情味儿。突破了这类作品千篇一律的"铁血"模式。

探索成长之路，解读智慧人生，
本章内容，扫码收听。

1989 年，应新加坡实验剧团邀请，李默然去该团进行表演、授课、讲学以及舞台实践，边讲学，边排练，边示范，边合作，将中国话剧的演剧方法介绍到国外，并与国外的表演团体进行了国际合作，交流了经验，增进了友谊，并大胆地进行了现代风格话剧表演方法的尝试。

1989 年，拍摄于新加坡实验剧团

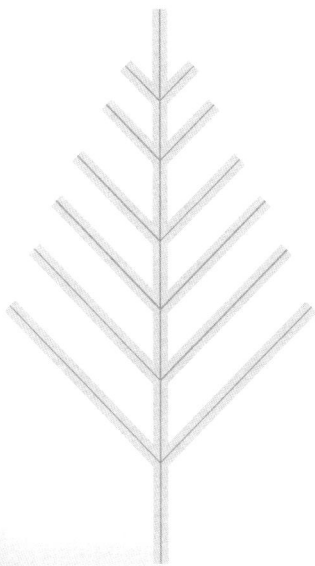

第八章

37 岁的他参演《兵临城下》，把战争片演出了诗意

　　尽管《甲午风云》让李默然出尽了风头，但他的头脑依然很冷静。比较刚登舞台的时候，他成熟多了。

　　他这时的状态是既有激情，更有理智。他清楚地认识到，自己比前辈和同辈的那些优秀演员还差得多。

　　每当接戏的时候，他总是认真听取导演的意见，从思想深处找出自己的不足，找出与角色的差距。他一句一句、一个动作一个动作地琢磨，不放过任何一个表演中存在的问题。

　　李默然的认真，已经成为一种坚韧的精神，是当下的青年应该学习的。在他的日记里，有这样一句话闪闪发亮，他说："要刻苦地钻研，痛苦地劳动。"

　　他知道，明星不是凭借外形的光鲜就可以成功的，需要付出台下幕后千百倍的艰辛努力。

　　从长春电影制片厂拍完戏回来，李默然在剧院里连续主演了《八一风暴》《胆剑篇》《第二个春天》《叶绍夫兄弟》。到这个时候，他的表演艺术更加成熟。

他提出了做人做戏的严格标准——台下认认真真、明辨是非地做人，台上认认真真、富有创新地演戏。他在表演创作上主张"无禁区""无偶像""无顶峰"。

他在日记中写道：要想在表演艺术领域有自己的个性，实现更高层次的突破，就必须做到"语不惊人死不休，戏不抓人死不休，情不动人死不休，理不服人死不休"。从这段文字里可以看出，这是一个为理想而勇于拼命的人。

3 年后，又一个天赐良机到来了。

就在李默然拍摄《甲午风云》的同时，中国文艺界悄然发生了一件意义重大的事情，正是这件事催生了他的另一部经典电影作品《兵临城下》。

1959 年春天，应沈阳军区政委周桓上将的邀请，作家白刃要写一部反映解放战争内容的戏。

在沈阳期间，白刃与辽宁人民艺术剧院院长洛汀、沈阳军区话剧团政委李树楷经常在一起聚会，畅谈自己的创作计划。

三人多次磨合之后，决定写一部反映国民党军长春起义的话剧。在下笔之前，他们共同采访了当时的起义将领曾泽生，整整谈了 3 天，记录了大量的笔记之后，又采访了当年国民党第六十军的官兵，获取了丰富的第一手资料。

一个月后，白刃完成了剧本，名字就叫《兵临城下》。

故事发生在解放战争时期，东北某城的国民党守军处于我军重重包围之中。为争取蒋军非嫡系部队第三六九师起义，我东北民主联军将被俘的敌师长赵崇武手下的团长郑汉臣释放，并代他寻找失散的孩子。

郑汉臣回到城里后，南京政府派来的特务钱孝正不相信他是在队伍打散后化装逃出来的。郑汉臣本来就对这次战败很恼火，原计划蒋军嫡系第二〇三师出城接应，可是这个师放了几声空枪就缩回城里去了，致使第三六九师遭到严重打击，如今见钱孝正又怀疑他，心中的怒火一触即发。就在这个时候，又传来他太太受到第二〇三师某连长侮辱的消息。

郑汉臣忍无可忍，拎起枪就要带队伍找第二〇三师算账，但被师长赵崇武制止住了。赵崇武与郑汉臣有生死之交，他本应帮郑汉臣出这口气，但第三六九师受到蒋介石多方的监视和牵制，他也无能为力。

这时，我军张司令员给赵崇武写来一封信，劝他明辨是非，率部起义，但他仍在犹豫，仍对蒋介石政府存有幻想。不久，我军政工干部姜部长又以给郑汉臣送孩子为由，深入敌穴与赵崇武谈判，劝他弃暗投明，但赵崇武仍迟迟下不了起义的决心。这时，姜部长进城与赵崇武来往的活动被蒋军特务钱孝正发现，他企图逮捕姜、郑二人。

这时，胡高参来到孤城，为安定军心，传令嘉奖，提升赵崇武为中将副军长，而这正是胡高参最后利用赵崇武的阴谋。

赵崇武晋升后受宠若惊，不敢把姜部长留在城里，就命令郑汉臣赶快把姜部长送走。

敌人突围行动开始，胡高参命令第三六九师担任突围主攻任务，第二〇三师执行破坏工厂和水电站的任务，赵崇武一再反对，但无法改变胡高参的计划。

在这个紧要关头，我军地下工作人员李忠民为了打乱敌人的突围计划、保护水电站，提出了先突围、后炸水电站的新方案，得到胡高参的赞同。

敌人的第一次突围遭到我军的沉重打击。

赵崇武负伤，不但没有得到安慰，胡高参反而对他严厉斥责。他实在忍不住了，与胡高参争吵起来。这时，水电站被我军占领，守卫水电站的敌人全部投降。

我军步步逼近城内。

赵崇武苦恼万分，同时又发现了蒋介石命令胡高参突围后铲除他的密电，赵崇武的幻想彻底破灭了，他决定率部起义。

他们逮捕了胡高参，打死钱孝正，迫使蒋嫡系第二〇三师投降，我解放大军进入城内，孤城宣告解放。

全剧大概讲的就是这样一个故事。

经过两年多时间的打磨，到了 1962 年，沈阳话剧团率先在全国演出了《兵临城下》，这一举动引起了中共中央宣传部副部长周扬的注意，他亲自到沈阳来观看。剧终之后，周扬评价说："这是一部弘扬爱国主义精神的好作品。"

很快，沈阳话剧团《兵临城下》剧组被调入北京演出，京城轰动。作品得到元帅聂荣臻、罗荣桓，大将罗瑞卿，上将杨成武，作家郭沫若的赞赏，尤其是国务院总理周恩来特别赞赏，他曾3次到剧场观看。

听说这部话剧要拍成电影，周恩来总理又特地将剧作家白刃请到办公室，提出了具体的修改意见。他特别指出，"不要把反派人物脸谱化了，要写出他们的本质"。白刃点点头，说："我知道了，谢谢总理。"回去之后，他又对剧本做了细致入微的修改。

时机，终于酝酿成熟。

1963年4月初，长春电影制片厂决定，这部片子的导演仍然是《甲午风云》的导演林农。

林农接到任务之后，几乎是在第一时间想起了李默然，并进而想象李默然深入敌营谈判的神态。

"那一定很棒……"林农喝了一口酒，目光里带着神往。

林农再次向李默然发出邀请。电波将长春和沈阳连了起来。

"默然同志，我是林农。我们长影马上要拍《兵临城下》，我已向领导作了汇报，'姜部长'一角是你的，对，你来演。"

"林导，谢谢您的信任，我一定演好。"

老朋友邀请，李默然当然高高兴兴地答应了。

谁也没有想到，这段简短的对话，成就了中国电影史上另一部经典。

李默然知道，这对他来说又是一次挑战。我军政治工作者，他还从来没演过。

李默然再度挂帅。1963年10月，他走进长春电影制片厂大院，走进摄影棚，走进《兵临城下》。

这时候长影大院里的人再看李默然，已经完全是另外一种表情，是钦佩，是信任，也是热烈欢迎。

对于国民党第六十军在长春起义那段历史，李默然也是比较熟悉的。

1948年，他随东北文艺家协会文工团从哈尔滨到吉林去慰问国民党起义部队第六十军。在那里演出一个礼拜。现在一看《兵临城下》的电影剧本，李默然觉得赵崇武的原型就是国民党第六十军军长曾泽生。

而他所要扮演的姜部长的原型，就是我军优秀特工干部刘浩。刘浩深入敌营瓦解敌人，致使其起义的故事本身就很有戏剧价值。

李默然开始研究刘浩这个人物，传奇故事一页一页地翻开——

刘浩是云南人，1936年参加革命。抗日战争时期，他在云南以新闻记者的合法身份，负责争取滇系上层的工作。他同国民党云南实力派龙云、卢汉、张冲、卢浚泉、曾泽生、潘朔端、陇耀等滇系上层人物，都有过接触与交往。

1942 年，刘浩被调到重庆《新华日报》当记者。

在重庆，周恩来和董必武指示刘浩，要他继续与云南地方的那些实力派头面人物保持联系，尽一切可能继续争取他们，这有利于坚持国共两党团结抗日的局面。这样，刘浩就以新闻记者的身份，进一步对滇军上层的人物展开争取工作。

经过刘浩和战友们的努力，到 1943 年底，中国共产党已基本上建立了与云南地方实力派的统战关系。

3 年后，刘浩又接受了一项重要任务，到东北战场去策反他的老朋友、国民党第六十军军长曾泽生，力争让他率部起义。

1946 年 4 月 26 日，在延安杨家岭，毛泽东、刘少奇、朱德接见了刘浩。

毛泽东对他说："刘浩同志，做好滇军工作是我们战略部署中的一个重要决策。"刘少奇进一步对他提出要求："依靠滇军中的地下党组织，利用各种可能，直接与滇军上层接触，公开对他们进行策反。刘浩同志，你肩上的担子不轻啊！"朱德则对他说："你和曾泽生都是云南人，而且过去有过交往。我也算半个云南人，我们是老乡相会分外亲哪！今天找你来，就是要商量一下怎么做好他的工作。我这就给曾泽生写一封信，你带去给他看……"

刘浩来到东北后，找负责敌军工作的东北局敌工部部长李立三和东北野战军政治部联络部部长周桓进行联系。此后，刘浩便在周桓的直接领导下，负责策反国民党第六十军的工作。

1948 年 2 月，为了方便对敌军的工作，我军成立了东北军区政治部前方办事处，刘浩被任命为处长。以后的 8 个月当中，刘浩多次以国民党军少校军需官的身份，深入敌军内部进行活动，与曾泽生将军进行密谈，他带去了朱德总司令的亲笔信，宣讲了我军的政策。

曾泽生终于认清了历史大势。

1948 年 10 月 17 日晚，曾泽生率第六十军 3 万多官兵起义。至此，长春和平解放。

李默然参加革命后，他经常与"姜部长"那样的部队干部一起工作，他们的音容笑貌、风度气质，还都在他心里记着呢。

尽管如此，他仍不敢有丝毫懈怠。

经过一段时间的案头准备，反复揣摩设计，慢慢地，"姜部长"在他脑子里活了起来，一举手一投足轻松自然。

拍片期间，李默然巧遇了京剧大师裘盛戎。

裘盛戎是"裘派"创始人，在唱、念、做、打等方面都有极其扎实的功底。他刻画的人物，性格鲜明，形象逼真，让人过目不忘。

当时，裘盛戎正在长春电影制片厂与张君秋、马长礼、马连良联手拍摄戏曲片《秦香莲》，他在影片中扮演包拯，从此以后，他被人称为"活包公"。

看见李默然前来拜访，裘盛戎眼睛一亮，双手抱拳，叫了声："邓大人！"李默然赶紧上前施礼，叫一声："裘先生！"

两个人的手紧紧握在了一起。

自幼酷爱京剧的李默然，三言两语就与裘先生找到了共同的话题。

"裘先生，听说您在这里拍戏，我特别高兴，我是来向您学习的。"

"别客气，小李，我正好也要到话剧方面借鉴一些呢。"

两个人很快成了朋友。从那天以后，李默然多次到现场看裘先生拍戏。

他一边观看，一边注意学习裘先生塑造人物的方法，从对特定情境的理解与渲染，到对人物心理活动的把握及语言节奏的运用，他都一点不落地记在心里，然后回到宿舍用心揣摩。

与裘盛戎的接触和交流，对他塑造姜部长这一形象产生了有益的影响。他饰演的姜部长更从容、更自然、更接近生活，同时更具艺术的审美价值。

在拍摄中，李默然突出姜部长气度从容、胸有成竹的个性特点。谈判中严肃而又热情，讲政策而又充满人情味儿，有理有利有节地与对手反复较量。他把这个人物演得真实可信、有血有肉，给人留下了难忘的印象。

戏中的他，身着极普通的军装，梳着平常的短发，在刀光剑影之中挥洒自如，我军政治工作者那种胜券在握的风度活灵活现。

有一个镜头，是姜部长坐在吉普车上，准备从围城中撤出来。本来他是戴着墨镜的，如果这样一路演下去，那戏就会显得过于呆板，因为观众看不到他的表情。

李默然即兴发挥，从容地摘下墨镜，冲着镜头微微

◎ 1964 年，故事片《兵临城下》工作照

一笑，那真是迷人迷到了家。那一笑，全面准确地传达出我军胜利在即的信息。

姜部长与赵崇武的一段对话，至今想起来仍觉回味无穷。

在赵崇武诉说了自己的困境后，姜部长说了一句："你还记得陆游的那句诗吗？'山重水复疑无路，柳暗花明又一村'。"

在讲这句台词时，李默然两眼含笑，眉毛轻扬，看上去是那样的抒情，英武之中透出儒雅，多少有些京剧裘派的味道。

李默然就这样给铁血的战争片，涂上了一层明丽的色彩，营造了诗一般的意境。

这在当时流行的战争片中是个创举。

1964 年 7 月 10 日，时任中央书记处总书记邓小平在吉林省委领导陪同下，到长春电影制片厂视察工作。长影的领导请小平同志审查刚刚摄制完成的故事片《兵临城下》。

看完电影后，邓小平同志详细地询问了影片拍摄的经过和演员的情况，欣然评价："政治上是好的，艺术上也是好的。"

影片在北京、上海等 12 个大城市放映，深受各界好评，被观众和媒体誉为"编剧好，导演好，摄影好，表演好"的"四好"影片。

电影院往往一天演十几场，场场爆满。

全国观众再度关注李默然，专家们说："李默然这个青年演员确实才华横溢，他又创作了一部经典。"而当有人把这一观点传达给李默然的时候，他说："我讲实话，还不能说才华横溢，我只是认真工作而已。"

2021 年，《兵临城下》入选国家电影局开展的庆祝中国共产党成立 100 周年优秀影片展映展播。

李默然经过艰辛的努力，在青年时代主演了两部经典电影。继在话剧界成为大师之后，他一步步踏踏实实地走，也在影视界走向了辉煌。

他饰演的党委书记李健，是改革开放的先锋代表。李健不惜把自己"这把老骨头扔在新长征的道路上"，李默然又何尝不是如此呢？

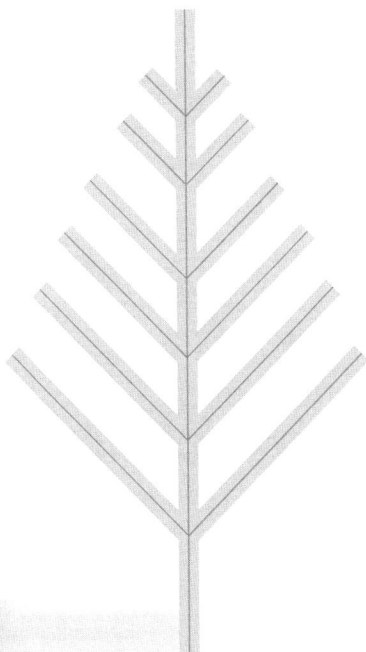

第九章

话剧巅峰之作《报春花》，
为改革开放报春

　　1976年10月，党中央一举粉碎了"四人帮"篡党夺权的阴谋，结束了那场持续十年，给党、国家和各族人民带来严重灾难的内乱。全国人民在中国共产党的领导下，解放思想，拨乱反正，走向了改革开放的新时期。但是，"左"的思想和"左"的行为方式不会因为"四人帮"的倒台而立刻烟消云散。

　　1978年1月，辽宁人民艺术剧院的编剧崔德志来到丹东毛绢纺织厂体验生活。

　　在工厂里，崔德志发现女工荀凤莲的事迹特别突出。她4年干了5年的活，1977年，还用8个月完成了全年的任务。作为厂里的劳动模范，当时正准备上报市里做劳模。崔德志走近了这个女工，问她去不去市里讲用。她想了一下，痛苦地说："我不会去的，他们也不会让我去。"崔德志问她为什么，她回答说："崔老师，你不知道我的事吗？"说罢，含着眼泪走开了。

　　崔德志来到厂办，询问荀凤莲的事。宣传科的同志说："她父亲是内控历史反革命，所以……"崔德志问："她的一贯表现怎样？"那个同志说："那没的说，要论表现，她省劳模都够了。她16岁入厂，干了20年没缺过一天勤，思想先进，热爱集体，干活放在男的里面也是尖子。可是，出身的事把她耽误了，到市里讲用是不可能的。若不是厂党委思想解放，今天厂内劳模也当不上。"

崔德志若有所思地点点头。

不久，丹东市劳动模范名单公布了。果然，上面没有苟凤莲的名字。

紧接着，崔德志又去一家纺织厂采访，发现一名5万米无疵布的女工的事迹上不了报纸，评不上劳模，而比她工作量少一倍的徒弟居然成了劳模，上了报纸。一问，她也是出身不好，父亲在"四清"时被打成阶级异己分子，开除党籍，下放到农村。

崔德志感到特别震惊。

这两位女工的遭遇，让他思考许久：难道在新时期反动的"血统论"仍然大行其道？难道邓小平同志倡导的"调动一切积极因素"在基层就是这样被"调动"的？

作为有高度社会责任感的辽宁人民艺术剧院的编剧，崔德志决定勇敢地回答这些问题。他开始酝酿一个剧本，一个以出身不好的人为正面人物的话剧剧本。

1978年12月22日，具有划时代历史意义的党的十一届三中全会闭幕。很快，崔德志在报纸上看到丹东那两位女工都当上了省劳模，而且省政府奖励她们每人一台半导体收音机，提前将她们晋升为二级工。

崔德志看了这则报道，热泪盈眶。他为党高兴，为国家高兴。他无法抑制内心的激动，拿起了笔。1979 年 1 月，《报春花》的写作开始，2 月完成，4 月发表在《剧本》杂志上。

剧情是这样的——

某纺织厂党委书记李健在"文化大革命"中被长期监禁，妻子被打死，女儿过着无依无靠的生活。当他复出后，敢于实事求是地坚持正确的路线，把被党委副书记认定是不可救药的干部韩卫东解救出来，将一个所谓的醉鬼由贵提拔为供销科长，特别是围绕着出身不好、社会关系复杂的青年女工白洁能否成为先进生产者的事件，分歧和冲突接踵而至。白洁用勤劳的双手为国家创造了大量财富，4 年做了 5 年的工作量，创造了 5 万米无疵布的出色成绩。李健主持正义、排除干扰，终于使白洁像一朵鲜艳的报春花，展现在人们面前。

剧院决定，排演《报春花》，主角李健由李默然扮演。

李默然拿到剧本后，越看越激动。他本人和家庭在"文化大革命"中也深受"四人帮"的迫害，对剧中正面人物的遭遇感同身受。他觉得在建设"四个现代化"过程中，应该把这些"左"的垃圾彻底清除，并在文艺作品中为改革开放鼓与呼，这是一个艺术家必须担当的责任和使命。他喜欢上了这个党委书记李健，全身心地投入对角色的塑造中。

李默然分析李健的基本思想是："只有实现四个现代化，才能挽救党和国家的命运。"为此，他愿意将自己"这把老骨头扔在新长征的道路上"。其性格特征是"思想敏锐，行动稳健。心肠火热，态度平易"；行为特征是"听别人说话时，身体前倾，目不转睛，眼神深沉内蕴，基调是大刀阔斧，平时泰然自若，高兴时开怀大笑，愤怒时横眉冷对……"

为了更好地诠释角色，李默然来到瓦房店纺织厂体验生活。他在这里俨然是个厂长，他参加厂党委会，到车间与工人交朋友。听书记、厂长与工人谈话，也把剧本念给他们听，征求他们的意见。这样做的目的，就是为了了解并掌握他们的语言和行为的特点，力图离生活近些再近些。

剧中有句台词，"这些年来白洁在厂里默默无闻地干，车间里有一颗钉子她都要拾起来……"工人们听了，说："不对呀，织布车间不能有钉子，只能有螺丝帽。"李默然一听，赶紧改了这句台词。

有一次，这个工厂的厂长对他说："会当厂长的累不死，不会当厂长的，累死了也当不好厂长。你到车间看一下，凡是工人见了就躲，连句笑话都不敢说的，这个厂长准是最累的，但成效不一定就好。反过来，工人

◎ 李默然与《报春花》女主角原型合影

见了敢拍他肩膀、敢踢他屁股的厂长，才是最轻松的厂长。要在工人中间越随便越好，对这样的厂长，工人才会把心里话告诉你……"这句话，让李默然心中一亮，他似乎看到了李健的笑脸，看到了人民公仆平易近人的一面。

于是，在舞台上，李默然就没有了干部的样子，他忽而坐在长凳上，忽而坐在小凳上，忽而又坐到乒乓球案子上。一个和蔼亲切的领导干部形象，活脱脱地再现出来了。

平易了，并不等于就没有了干部的觉悟和境界。在高潮逐步来临时,一个共产党干部的风骨渐次显现。

那时的李默然,好像不是面对区区几百观众,而是以思想解放先驱的姿态面对全中国人民发出时代的最强悍的声音:"马克思是什么成分哪?列宁同志又是什么出身哪?"

中国人的思想为之震撼。

为了刻画李健这个人物,李默然抛弃了以往舞台上惯用的领导干部制式服装——人民服和中山服,而精心选用了对襟褂子。

生活中我们的干部还有没有穿其他衣服的呢?有的!就是这种对襟的便服单衣、夹衣、棉衣,很多干部都穿过。可是,李默然刚穿时,人们议论纷纷:"这也不像干部穿的呀!""穿这么件衣服,像个打锣的。"但绝大多数观众,包括文艺界的同志,都给予了充分的肯定,觉得这个道具在塑造李健这个形象上,起到区别于其他干部形象的不小的作用。

同时,李默然还为李健配了一双布底鞋。他选择的体态、步伐、语调、神情,都非常舒服、灵活、自由……这既把李健还原成普通人,又展现出他精神世界的活跃与高度解放。李健的眼神是自己独有的,虽然受戏剧情境的调动而变化多端,时而热情,时而冷峻,时而慰藉,时而审视,但贯穿全剧始终的都是关注和敏锐的目光。在台词上,李默然根据塑造人物性格的需要而作了精雕细刻的艺术处理，铺垫之时如涓涓溪水流淌，恬静悠然。一旦高潮到来，立即如骏马奔腾江河直下。而且，不时出现妙手偶得的神来之笔。

李健，这个身上凝聚了中国共产党坚定的改革派特点的典型形象，因此而立体化，可敬、可亲、可爱。

剧中，白洁问李健："你就不想想红兰的母亲是怎么死的？"李健缓缓站起来，非常低沉、缓慢地回答："她是为了要让更多的人幸福而被'四人帮'打死的。如果有那么一天，我也愿意像她那样……"他的声调开始上扬，"把我这把老骨头扔在新长征的道路上……"然后，他作了一个小小的停顿，眼睛凝视前方，回忆党的历史，又用低调说："过去，我们党领导我们推翻了三座大山，可是现在……"他的声音再扬起来，"又有三座大山压在我们肩上，这就是问题成山、麻烦成山、困难成山哪！"说罢，他用颤抖的双手从上到下画了个弧形，然后他再度停顿了下来，接着缓缓地说，"解放 30 年了"，又压下来，"我们国家还是这么落后，人民还是这么穷困"，又扬声向前推："我们，我们能够坐得住吗？"一下子，把感情推上最高峰。

每当演到此处，台下的观众就报以雷鸣般的掌声！

这种带着哲学思辨的台词，强烈地撞击着思想解放

◎ 1979 年，李默然在话剧《报春花》中饰演李健

之初的中国人的心。

1979 年 8 月 1 日，《报春花》在沈城一露面，立即掀起惊天巨浪。媒体出于谨慎，一时都没有表态。然而，出乎意料，由于广大观众的口口相传，3 天之内，居然卖出了 20 场的门票。《报春花》写的是工厂的戏，可是，居然会有成百上千的农民从几十里外的郊区赶来，他们开着拖拉机、驾着马车，来到剧场门口。李默然和崔德志等人看到农民扶老携幼络绎不绝地来看戏，禁不住热泪盈眶。

不久，中央电视台录制并播放了《报春花》，全国观众为之沸腾。工人、农民、解放军、知识分子纷纷给剧组写信，有的甚至是一家四口人联名写信，向剧组表示感谢和祝贺。人们说："要是我们的干部都像李健厂长那样多好哇！""李健才是真实的人，我们要这样的厂长！"

果然不出所料，"左"的势力放出冷箭："那么多工农子弟不写，却要写一个出身不好的子弟，这是什么思想？这到底是想干什么？"

可是，人民群众热烈拥护这个剧。一位工人来到崔德志的家，对他说："这个戏好，我们厂几百人流着泪收听了广播。我们支持你，如果有一天，你被打成右派，我们站出来为你说话。请转告李默然老师，他演得太好了，我们工人都喜欢。"一位外国朋友看了这部话剧之后，对李默然说："你们的戏干预了生活，台上的演员和台下的观众真的融为一体了。"

1979 年 9 月下旬，《报春花》剧组进北京演出，为国庆 30 周年献礼。第一场演出结束后，一个青年跳到了剧组的车上："感谢你们为首都人民带来了一出好戏！谢谢你们，谢谢李默然老师。"

9 月 30 日，李默然应邀出席新中国成立 30 周年国庆招待会。在宴会厅，他发现自己与中国知名电影演员赵丹在一个桌上，他很高兴。豪放的赵丹一见到他，马上激动地说："我在电视上看了你演的《报春花》，很好，这是个讲真话的戏。"

曹禺和金山也前来观看《报春花》，曹禺说："《报春花》反映的问题很有意义。这个戏不只歌颂了老干部李健，还写了干部思想僵化问题，这正是人们关心和讨论的问题。戏里白洁痛苦地拒绝吴晓峰的爱情，晓峰不解，需要有个清楚的答案。白洁回答他：'答案，你到这些年流行的阶级斗争学说里去找吧！'这句话很可玩味。"

说到这里，曹禺拍着李默然的肩膀，笑着说："演得好，比邓大人演得还好！"

国庆会演结束后，《报春花》荣获"庆祝中华人民共和国成立 30 周年献礼演出一等奖"。这是辽艺继第一个艺术辉煌时期之后又树立起来的新的里程碑。

本来应该回沈阳了，可是首都工人不让剧组走。纺

◎ 1979 年，话剧《报春花》剧照

织系统 10 万工人要求看剧，首都钢铁公司党委也代表
10 万工人来请戏。

李默然只好和大家一同留下，满足工人们的要求。

11 月 18 日至 19 日，李默然率剧组在中南海怀仁堂
为中共中央、全国人大常委会、国务院领导举行专场演
出。怀仁堂到这时，已有 18 年没有接待剧团了。《报春
花》剧组是自 1961 年以来，第一个进怀仁堂演出的剧组。

李默然很激动，他在认真准备，准备向党和国家
领导人展示"实践是检验真理的唯一标准"的形象，展

示为新时期报春的鲜艳夺目的报春花！十年内乱已经结束，往事不堪回首。中国再也不能那样，中国人再也不能那样。作为 52 岁的历尽沧桑的人，他内心洋溢着为国家振兴而大声疾呼的激情。

怀仁堂里灯光渐次暗下，大幕拉开——

党和国家领导人看到了党在基层里的优秀干部"李健"，看到了中国共产党和中国人民走过的一段痛苦的路，更看到了发生在春天里的故事。

演出结束后，领导人纷纷上台接见演员，勉励大家。

邓颖超大姐对李默然说："这个剧我看了两遍电视转播，今天特地来看大家，我已向邓小平副主席汇报了，我对他说这是一出好戏，政策写得好，很好地宣传了三中全会的精神，我祝贺你们。"

从怀仁堂出来，李默然他们又去首都钢铁公司演出。

在北京，《报春花》连演了 3 个月，共 280 场。演出期间场场爆满，观众对李默然的核心道白几乎是一句一个喝彩。这是观众为这位表演艺术大师深厚的台词和表演功力所折服，同时，也是因为他在舞台上说的每一句话都牵动着台下观众的心，都是观众所思所想、要说而没说出来的心底的话。

20 世纪 80 年代，他在众多改革题材的影视剧中扮演主角，成为改革者的形象代表，也再次铸就了自己事业上的辉煌。

探索成长之路，解读智慧人生，本章内容，扫码收听。

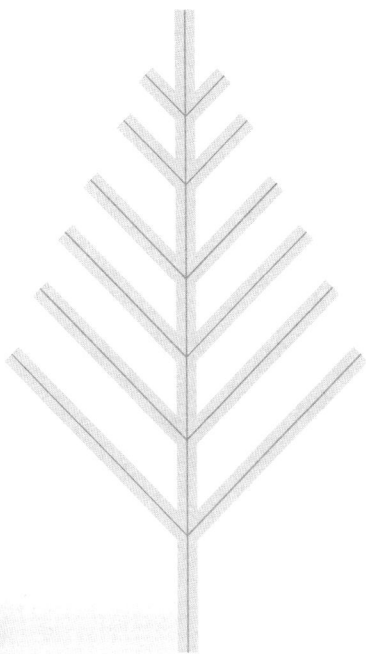

第十章

塑造改革者形象，
一讲再讲春天的故事

　　1979 年第 7 期的《人民文学》发表了著名作家蒋子龙的小说《乔厂长上任记》，引起巨大反响。小说塑造了一位国企改革者乔光朴。这位改革者辞职离开政府机关，到重型电机厂当厂长，目的是要使得电机厂面貌一新。乔光朴赴命于危难之际，立下军令状当了厂长后，大刀阔斧地整顿队伍，建立新的生产秩序和奖惩制度，激发了职工的工作热情和主人公精神，很快改变了全厂的涣散状态，扭转了生产被动局面。

　　这是最早的一篇写改革、写改革的阻力、写克服阻力的斗争的文学作品。它写工厂却突破了以往"车间文学"的模式，把眼光从车间、工厂放大到社会，揭示改革的困难、斗争和已经出现的变革与转机；它还着力塑造了改革者乔光朴的英雄形象，写他的坚毅刚强和困惑苦恼，写他感情世界的波涛起伏和对待爱情的果敢态度，性格鲜明突出、有棱有角，这正好应和了变革时代的人们渴望雷厉风行的"英雄"的社会心理，一时间引发了读者和批评家们的盛情赞扬。"乔厂长"成了改革者的代名词。

1980年，中央电视台决定与辽宁人民艺术剧院合拍电视剧《乔厂长上任》，乔光朴由李默然主演。

李默然以自己熟悉的那些国有企业里锐意改革的企业家为生活原型，把乔光朴演得有血有肉、有责任有激情。《乔厂长上任》的播出，在当时同样是个大事件。该剧主题是国有企业改革，主人公是敢作敢当的厂长乔光朴。面临一个濒死的国有企业，乔厂长大刀阔斧的改革做法对当时的整个政治经济形势都有深刻而贴切的象征意义，电视剧播出之后在内地产生了巨大的反响。乔

◎ 1980年，中央电视台《乔厂长上任》摄制组与
重型机器厂领导合影

光朴的身上既体现了那个时代对于改革的铁腕人物的需要，也体现了对改革和改革者认识的探求。这是电视屏幕上最早的改革者形象。

李默然的表演，给人耳目一新的感觉，让人看到中国经济体制改革的希望。这部戏也被誉为"新时期的开篇之作"，在40多年后的今天，这部戏依然被看作是改革文学和工业题材领域具有里程碑意义的作品。

像喜爱《报春花》中的李健一样，工人们纷纷写信给李默然，问他乔厂长在哪里，能不能调到他们厂里去，足见大家对这个人物的喜爱和对改革的渴望。

◎ 1981 年，电影《检察官》剧照

1992 年，李默然已经从院长的岗位上退下来 5 年了，但是他一直在寻找着自己舞台形象塑造上的突破，届时拿到了小剧场话剧《夕照》的剧本，剧中男主公是一个情感落寞、性格孤僻但却很正直的画家——甲泽，这跟以往李默然在舞台上塑造的形象有很大的区别。李默然接受了挑战，他将甲泽这个人物形象塑造得惟妙惟肖、深刻自然，这是他的封箱戏，取得了巨大的轰动，从沈阳演到上海演到广州，观众看完久久不愿离去，呼吁："李默然先生不能封箱。"

◎　1993 年，拍摄于沈阳

此后，李默然又相继出演了《铁市长》《银行家》《艰辛》《检察官》《林海情》等表现改革题材的影视剧里的主角，他几乎成了演改革者的专业户。为什么导演会盯上他？是因为他身上有强烈的使命感，有那种为国为民甘洒热血的家国情怀，他与这些时代的先锋人物心灵上息息相通。

1982 年 12 月，李默然在电影《林海情》的外景地看了老作家李国文的新作《花园街五号》。

小说描写一幢欧式小楼坐落在临江市花园街五号。50 年来，它经历了时代的兴衰、尘世的沧桑，在人们的心目中，它是这个城市最高权力的象征。1982 年，此楼的第五任主人——市委第一书记韩涛将退居二线，人们关注着谁将是此楼的新主人。

韩涛也在犹豫不决，是选择新干部刘钊，还是副市长丁晓？老伴吴纬和任报社编辑的儿媳吕莎，都劝他大胆起用新人，而他却顾虑重重。韩涛很看重刘钊在改革中的业绩，但对他那种锋芒毕露的锐气怀有反感。丁晓觊觎权位，一心想爬上市委书记宝座，不择手段造谣诬陷刘钊，致使韩涛在一次有关人选问题的民意投票中投了弃权票。

刘钊十分苦恼。他感到当年革命意志坚定的韩涛，如今却变得谨小慎微、故步自封。他的苦恼只有深爱他的吕莎能够理解。然而，命运却使吕莎成为韩涛患有精神病的儿子大宝的妻子，而刘钊则被妻子罗曼抛弃。刘钊用大量事实揭露丁晓的卑劣行径，并在抗洪抢险中不顾个人安危，跳入滚滚洪水之中。韩涛终于认清了丁晓的丑恶灵魂，他向省委书记高峰倾吐了自己的思想，并主动为吕莎解除了与儿子的婚姻。不久，刘钊被调至省城去接受新的任务。花园街五号改为少年宫，成了孩子们的乐园。

　　李默然一下子被小说吸引住了，他喜欢这部小说。他认为其中的改革者韩涛，比其他作品中所塑造的形象更丰满，更具有人情味儿，甚至是有缺点的正面人物。这在他所有演过的人物中比较少见。他认为这更自然、更真实、更亲切。另外，让他感兴趣的是，故事发生在他的家乡哈尔滨。小说描写的时代背景，是从 20 世纪 30 年代开始，一直到当下，这些都让他产生熟极了的乡土感。他很希望有人将小说拍成电影，更希望那个人能来找自己主演这部电影。

　　半年后，长影著名导演姜树森给李默然写信，邀请他主演电影《花园街五号》，李默然欣然同意。他说，要用这部作品来报答故乡哈尔滨，并再次为改革开放鼓与呼。

　　在反复阅读了原著和剧本之后，首先让李默然激动的，并不是改革本身的壮举，也不是思想矛盾冲突，而是人物的命运，人物彼此之间错综复杂的思想情感上的交锋。

经过大量案头工作，李默然找到了自己与韩涛的区别，那就是韩涛节奏缓慢，他节奏明快；韩涛严肃冷峻，他活跃热情。这些都是需要改变的，他要向韩涛靠近。他也发现了他与韩涛的相同之处，比如说话都是大嗓门儿，守旧多于创新等。

接下来，李默然就回到自己熟悉的生活中去找那些老干部的特点，来丰富韩涛的形象。他"借"来了张书记的思虑、王书记的缓慢、罗书记的严肃……

此外，李默然还给韩涛设计了一个普通人的习惯，就是摸脖颈的动作，这是根据韩涛早期做泥瓦匠的职业而设计的，因为有句俗话，叫"抹灰扒泥，不死脱层皮。抹高处脖颈酸又痛，抹低处腰脊难伸直"，所以，瓦匠常常要下意识地摸脖颈。

这样，韩涛的形象基本立了起来。

在李默然的角色创造中，他习惯首先弄清人物关系。因为社会生活中的任何矛盾冲突、任何感情纠葛，都是通过人与人之间的交往体现出来的。人物关系准确了，感情分寸、行为尺度才会准确，而只有准确才会可信。

整个影片中，韩涛的"对手"就是影片主人公刘钊。这两个人有几十年的交往，有过共同的欢乐，也有过共同的患难，正因如此，彼此更为了解、更为知心。李默然经过反复琢磨、揣度，用了如下的概括：作为韩涛和刘钊之间的关系尺度，即喜其忠诚，厌其倔强；爱其敢想敢干，忧其锋芒毕露。在后来的拍摄中，李默然觉得这两句话帮助自己贴切地体现了与刘钊之间的关心、矛盾，甚至决裂，最后再达到进一步信任。

与刘钊的3次掰腕子，动作基本一样，但青年期、中年期到最后分别，语言都不一样，年轻时是"考验"多于"友谊"，中年时是"友谊"多于"考验"，而最后的分别，是几十年友谊的结晶，无须再有什么考验了。因此，这3次分别是挑战、激发和嘱托。

对吕莎，则是另外一种情态。尽管韩涛与吕莎之间有过工作上的争论，在选择接班人问题上也有过分歧，但毕竟都是发生在家庭里面，而特定的人物关系又是公爹与儿媳。怎样才能把他们之间的关系表现得准确、具体、感人呢？

经过反复斟酌，李默然用"不是父女胜似父女"这样一句话概括。这个概括既有与吕莎父辈友谊的延续，又有韩涛对吕莎的疼爱与关怀。有了这个基准，尽管吵嘴争论，也带着深厚的父女之情。到了让吕莎和刘钊一起离开自家时，"心里空荡荡的"这句话，就言之有物，内心也就充实了。

在戏中，李默然从人物的具体生活场景出发，对语言作了不同的处理。比如与丁晓在许杰家的正面冲突，李默然是用了"由缓到急，由弱到强"的节奏，来反映

◎ 1984 年,电影《花园街五号》工作照

韩涛的思想情感变化。

对老伴吴纬，李默然确定的关系是："相依为命，无话不谈。"这两句话，既概括了他们老夫妻之间的关系，又点出了现实生活中的具体情境。尽管韩涛当着儿媳的面说老伴："工作上的事，你少掺和。"但真正在工作上碰到了问题，思想上产生郁闷，他的第一个谈心人还是老伴。要把这种相依为命的关系呈现出来，关键在眼睛。为此，无论是愤怒、激动、焦急、埋怨还是商量，李默然的两眼都充满深情，人们常说情深似海，而最能表现似海深情的，莫过于人的双眼。

有一段戏，韩涛看到吕莎在刊物上写了"吹捧"刘钊的报告文学，他生气了，老两口为此争论起来。本来是余怒未消，可韩涛看到老伴认真起来，他却急转直下，深情而幽默地说："活像个老母鸡，护着小鸡雏。"（可惜这段戏被删去了）李默然在说这句话时，双眼微睁，面带微笑，表达出自己内心的情感。

影片上映后，观众看到的是个深思熟虑、严肃冷峻、说话大嗓门儿、守旧多于创新的老人。他是市委书记，更是一位阅历丰富的老父亲。尤其令人叫绝的是，他虽然身居高位，但曾经的建筑工人的习惯动作时不时地流露出来，即摸脖颈的动作。形象之鲜明可见李默然用心之良苦。

尽管如此，影片上映以后，李默然仍对其中一场戏不满意，就是韩涛在许杰书房与丁晓的那段。有几个表现韩涛爱憎分明的激烈感情的地方，他觉得处理得不够度数，不饱满，有点"温"了。特别是那句台词"他不搞歪门邪道"，说这句时他的面部特写显得激情不足，声音也没有力气，这与韩涛这个人物大嗓门儿的个性特征不匹配。

这些瑕点，让素来对创作一丝不苟的李默然常常感到遗憾。这就是一个艺术家对艺术创作的精益求精。

《花园街五号》向国庆 35 周年献礼时，出现了主创人员希望的轰动效应，李默然在影片中的表现也得到中央领导和广大观众与行业专家的好评。《人民日报》《文汇报》等各大报刊组织了座谈会，发了评论文章。

影片获 1984 年文化部优秀影片二等奖。

26 年的梦想，26 年的等待，终于一朝爆发。他成就了"中国的李尔"。

探索成长之路，解读智慧人生，
本章内容，扫码收听。

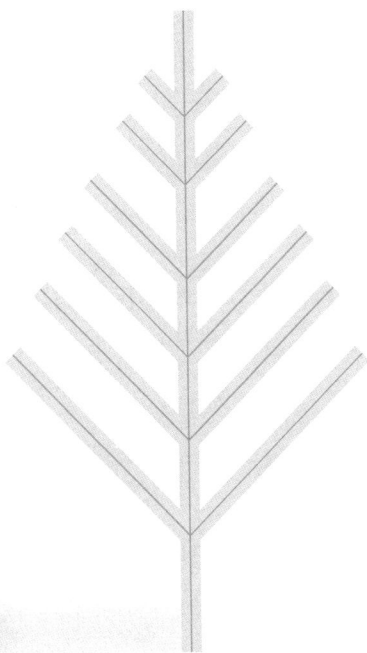

第十一章

圆梦《李尔王》，
中国话剧与世界话剧握手

1960 年初，有一个英国戏剧代表团访问辽宁人民艺术剧院。其中一位专家问起辽艺演过莎士比亚的什么剧作，李默然坦诚地回答"没有"。这位外国朋友表情上有点不可思议：这么大的剧院不演莎翁的剧，那还称什么剧院？

李默然的民族自尊心受到了伤害。自那以后，他就埋头苦读莎士比亚的剧作，仔细研究和寻找自己能够胜任的角色。他觉得自己最适合演莎士比亚创作的悲剧《李尔王》，李尔那伟岸的身躯、磅礴的气势、丰富易感的内心世界，使李默然认为他可以驾驭这个角色。

1962 年，辽宁人民艺术剧院院长洛汀和大导演万籁天决定要排演《李尔王》这部大戏，成立了剧组，李默然成为唯一的李尔候选人，但由于种种原因，《李尔王》最终没能演成。

但李默然对李尔，一直念兹在兹。

《李尔王》所述的故事源自英国的一个古老的历史

传说，大约发生在公元前 8 世纪，相当于中国的周朝，具体说是西周后期和东周的春秋时期。后来，英国人将这一传说编成了许多戏剧，其中一部无名氏的作品比较有名，多数研究者认为，莎士比亚的《李尔王》就是改编此剧而创作的。《李尔王》是莎翁的"四大悲剧"之一。

此剧基本情节是：年老的李尔王情绪低落，希望把国土分给他的 3 个女儿。在分封的时候，他让每个女儿都说说对他的爱戴，借此安慰自己的心。大女儿和二女儿竭尽全力赞美国王，只有第三个女儿考狄利亚因为表达了自己朴实而真挚的感情，讲了真话，被李尔驱逐，到法国做了王后。在把国土分给两个女儿之后，李尔的两个女儿立刻变脸虐待他，但李尔并没有发疯，而是默默忍受她们的折磨，他认为这是自己误解考狄利亚理应受到的惩罚。就在他自怨自艾的时候，来了一个圣徒安慰他。李尔对圣徒说了自己对考狄利亚犯下的错误，并懊悔地表达了自己的绝望。他觉得考狄利亚再也不会原谅他了。而圣徒却说，考狄利亚一直爱着她的父亲。原来，这个圣徒就是考狄利亚。考狄利亚在法国得知父亲的困境之后，立刻组织了一支军队，秘密在英国登陆，因为放心不下父亲，所以特地在开战前，来探望父亲。但最终，考狄利亚被恶人害死，李尔王也在忧伤中死去。

这是一出感人的历史悲剧，情节紧凑，动人心弦。在此后的几百年中一直广受好评，除了托尔斯泰，几乎没有著名人物对其提出过批评。

国际话剧界将演出莎士比亚"四大悲剧"视为棘手难题，而其中的《李尔王》则是公认最难演的剧目。因为剧情大起大落，情感复杂而又跌宕，一般的舞台承载不下如此的鸿篇巨制。演员表演也只能演出人物外表，其思想本质难以再现。尤其难上难的是，东方人来演西方的这个剧作。曾有很多表演艺术家跃跃欲试，往往又都以望而却步而告终。大家都怕演砸了，丢了艺术不说，恐怕也要坏了一世的英名。

正因为这样，演《李尔王》是国际话剧界的制高点。为了登上这个制高点，李默然整整期待了 26 年。

为了实现出演《李尔王》的愿望，他一直想到世界各地走走，特别是要深切感受欧洲的戏剧文化。

1985 年 5 月，他的这个愿望实现了！

李默然以中国代表团团长的身份，率中国代表团应邀出席在西班牙巴塞罗那召开的国际戏剧大会。其间，代表团顺道前往法国参观访问。

在法国最有名的国家剧院——奥德翁国家剧院，李默然等人观看了话剧《雨果，动荡的一生》。

李默然静静地看着舞台上的故事。他虽然不懂法语，但艺术无国界。演员精彩的表演令他震撼，将他带入了剧情的深处。

让李默然惊叹的是，从始至终，没有过大的舞台调度，也没有大幅度的动作。3位读者，戏中，每人只是手持一件道具——放大了的雨果著作。他们是贯穿全剧的中心人物，每个人都有好几段至少3分钟的台词，但演员们不仅一气呵成，而且还能紧紧地抓住观众的注意力，让他们屏住呼吸，欣赏着、倾听着、感叹着、欢笑着。

思想与艺术融为一体，就会产生巨大的征服力。李默然被他们的语言功力强烈震撼。这一切，验证了他曾力主的台词上要"大江东去与潺潺流水并用"的处理方法。

3分钟以上的台词一气呵成，却能让全场观众与之共鸣，而且这是在不设话筒的剧场里呀！没有过硬的功力，不要说让观众产生共鸣，就是让观众听得见、听得清，又谈何容易？

这天晚上，李默然仿佛走进了一个强烈的磁场，在这个磁场里，观众和演员心心相印、息息相关，一同悲伤、一同欢笑、一同激情燃烧，共同烹制和享受着一场艺术的盛宴。

看戏时，李默然特别注意了一下，观众中，各种年龄层次都有，全场满座却鸦雀无声，静到什么程度呢？连针掉在地上都听得见。

演出结束，观众席里响起了经久不息的掌声，演员7次谢幕。台下的李默然百感交集，他觉得《雨果，动荡的一生》的演出，再一次验证了"没有观众，就没有戏剧"这一铁的定律。

在西班牙参加国际戏剧大会期间，李默然与各国戏剧界专家进行了充分的交流，他们对戏剧艺术独到而精辟的见解，让李默然受益匪浅。

大会组委会请各国艺术家观看了瑞典导演创作的话剧《李尔王》。李默然全神贯注地观看了演出，虽听不懂台词，但他清楚地看到，相对原著来说，他们进行了许多创新。比如有几幕戏没布景，而是用人物的服装、道具和造型作场景。宫廷不设座椅，几个卫士趴下就变成几张椅子，国王和大臣们坐在人背上像真的坐在椅子上。此外，还利用灯光、幻灯、音响等加强戏剧气氛。这些处理方法，既准确又富于创新，令李默然折服，也为他一年后排演《李尔王》提供了宝贵的借鉴。

1986 年，为纪念莎士比亚诞辰 422 周年，中国首届莎士比亚戏剧节在上海举行。好像李尔在时隔 26 年后再次向他招手。这年李默然已经 59 岁了，如果再不演，他将永远失去演出莎翁名剧的机会。时任辽艺院长的他决定排演《李尔王》，并亲自出演"李尔"一角儿。

李默然终于等来了"李尔"，"李尔"等来了李默然。

1986 年初，排演开始。

李默然剃了光头，戴上王冠，走进了化装室。从那一刻开始，他在同组的演员中气宇轩昂起来，不再像以往那样随便，为的是牢牢掌控李尔的王者心理。

在这之前，李默然给莎士比亚研究专家孙家琇教授

◎ 1986年，话剧《李尔王》剧照

写信求教。孙教授回信说："要注意三个问题，那就是高度威严的李尔，一百八十度的巨大变化，形象的巨大规模和巨大的内涵。"李默然看了这封信，思路更开阔了。

他认识到，"高度威严的李尔"，不只是李尔得势之时，而且是贯穿始终；"一百八十度的巨大变化"，充分反映了李尔从万人之上跌入贫民、乞丐之中的大跌大宕；"巨大的规模和巨大的内涵"，充分概括了李尔从内到外的形象素质与特征。李默然这时把李尔想象为斗败的雄狮，狮子是凶猛的，也是令人望而生畏的，但它一旦被制服、斗败，就只剩了嘶鸣和咆哮。这和李尔从国王到一下子沦落为贫民是相似的。莎士比亚创作此剧，依然是表现文艺复兴时的核心思想，也就是对万物灵长的人的歌颂。

著名导演丁尼对李默然说："我这回与历史上那些排李尔的导演不同，我的处理方法是不仅仅表现李尔那种简单的表面的暴君特点，而且突出挖掘人性复归的含义，来表达对善的赞美和对恶的无情鞭挞。"

李默然点点头，说："老丁，我们想到一起去了。我也是按这个路子设计角色的。"

李默然与莎士比亚、与李尔"拥抱"的时候，他已经不只是单纯的表演艺术家了，还是一个成熟的戏剧理论家。他对莎士比亚、对李尔的分析与理解，让我们看到了他治学的严谨、细致、深刻。

舞台上成功的艺术形象，是要通过演员的五尺之躯高水平地调动和协调来完成的，从内心到外貌、从言谈到举止。这其中最艰苦的，莫过于对于剧本和人物的消化、变化、融化，李默然称之为"三化"。

《李尔王》写于莎士比亚对人文主义理想怀疑时期，作家既看到帝王的没落，又寄希望于他们能觉醒；既看到自己的理想与现实的矛盾，又想"在那一边"寻到解脱。李尔就是作者自身矛盾思想的具象化。

这就是李默然对莎士比亚的理解，也是他对李尔的理解。

李默然思考着：李尔生活的时代，是君王权势统治一切的时代。一个笃信"我即一切"的君王——李尔，为什么要分国、分权，放弃一切君主的尊严与权力，宁愿寄人篱下？一向被自己十分宠爱的小女儿说了几句真话，即只要自己嫁了人，那么，最少有一半的爱要给自己的丈夫，否则，又何必嫁人？这话有什么不对？可李尔为什么一下子就翻了脸，并发誓"永不见她的面"，立即把她驱逐到国外？为什么一向受到信赖的重臣——肯特，规劝了李尔几句，就险些招来杀身之祸？

据说，文学大师托尔斯泰在否定《李尔王》时，就认为这些"不可信"，有些荒诞。而当今有些国家的导演，就是用荒诞派的手法来处理《李尔王》的演出。难道《李尔王》这出大悲剧，李尔这个人物真是荒诞的？

一开始，在李默然的脑子里，出现了不少这样的问号。

经过长时间的思索，李默然找到了李尔的思想核心：

我，即一切，不准任何人有丝毫损伤我的情感之举。长期的君王生活，形成了他思想性格上的刚愎自用，进而导致行为上的暴戾乖僻。真是"清醒时是糊涂的，发疯了倒是清醒的"。他活了80多岁，从未体味过"谁敢不服从我"的生活，而仅有的规则是"只要我一瞪起眼睛，他们就会吓得浑身发抖"。晚年的李尔，预感到要死亡，可又十分害怕死亡的到来。他梦想"安安心心地等死"，所以"要摆脱一切事物的牵索"。在权势和财富统治一切的国度里，他居然愿意舍弃一切，全部给了两个不孝的女儿。这表面上看来近似荒唐，其实是符合李尔的思想性格的。然而，他遭到了意想不到的斥责和驱赶。这个主宰一切人命运的君王，竟会在短短的24天时间里，使自己的命运发生了天翻地覆的变化，直到丧失生命。

这就是李默然对李尔初步的理性认识。

"三化"，是一个"去我之短、扬我之长"的蜕变过程，是使李默然与李尔达到基本一致的创作阶段。李默然不是帝王，但要像；李默然不是乞丐，也要像；李默然没有疯病，装疯也要装到像。这个"像"与"不像"，恰恰是观众评价演员创造角色成功与否的一个最重要的尺子。"像这一个"是表演艺术区别于其他艺术的主要特征。

排练过程中，李默然始终以"巨大的规模与巨大的内涵"约束生活中的"自我"，而使自己有李尔的感觉。即使是走出排练场，和演员们恢复到日常生活里，他也面如危崖，不苟言笑，真的像李尔那样不可侵犯。在和同台演员相处时，他尽量注意剧中人物的关系。对三个女儿是三种面孔、三种态度；李默然在不同的场次采取不同的行为与言谈，努力求得同台演员的适应。

李默然把事先想好的设计有意识地加以验证，看其是否合乎人物的需要。他反复地、不断地检验李尔彼时彼地的心理活动，通过这种自我的意识控制与检验，逐渐揣摩、掌握李尔彼时彼地究竟是什么心理状态，自己与其有多大距离。自己在舞台上是自由的还是僵硬的？是从内到外"自信的"，还是"犹豫、彷徨的"？是流畅而协调的，还是生涩而分裂的？

李默然主张的"融化"，不是"没有了我——演员，只有他——角色"（刹那间，会出现这种"忘我"的境界与实感），不！大部分时间是，通过我（演员）体现出他（李尔），而其中之界线是自如的、油然而发的，不是"硬逼出来的"。这就是表演艺术的妙处。过于理性，没有经过演员艰苦劳动的"三化"阶段的创造，不会有舞台艺术形象的真实。过于感性，一味强调"忘我的体验"，可能出现在舞台上的不是艺术形象，而是演员的自我陶醉。演员的天性创造，应该是演员的意识指挥着角色，角色的一切行为，又是通过演员深刻体验后再给予准确的体现。

李默然为《李尔王》确定了"人性复归"这样的主题，

◎ 1986年，话剧《李尔王》剧照

是以李尔及另一条副线主要人物葛罗斯特的命运为出发点的。

　　一个君王、一个伯爵，都从他们各自的至尊、至上、奢侈的高层生活地位，一夜之间跌到乞丐与贫民的最底层，这不是莎士比亚个人的编造，而是根据大不列颠古老的故事传说，加以丰富、改造而成为名剧的。为什么经久不衰？正因为它深刻地、准确地揭示了人的命运。

　　倔强、暴虐的李尔，为什么又得到人们的同情？是命运让他身上的人性得以复苏，是命运让他睁开了眼睛，看到了穷人所受的苦。因此，催人泪下之处，不在于李尔被逼疯、与乞丐为伍、狂风暴雨中的呐喊，而是他躺在病床上，有气无力地向小女儿考狄利亚忏悔。观众只有在此时，才向这个仍然不失为一个人的李尔，洒下同情之泪。

李默然紧紧抓住李尔在20多天的命运大跌大宕中几个不同的层次，呈现李尔这个"活"人。概括起来，可谓"分国土""遭虐待""受凌辱""暴风雨""复人性""真认罪""望天国"。上述分节，贯串一个动作"求爱"。求爱不得，遥望天国，人性复苏，呜呼命休。

他在小女儿面前的反思，具有哲理内涵，具有人性，具有深情的心声袒露。这个既有人物性格真实，又具艺术形象真实的一笔，对完成李尔这一艺术形象至关重要。

这种忏悔与请罪，一改李尔的暴戾、乖僻、倔强、专横的令人生厌的形象，换来了人们的同情与理解。

围绕着"四跪""两转变"，李默然去深入开掘人物的复杂心理。做案头工作时，与导演共同确定李尔的动作线是"求爱"。接受、认识、确定这条动作线，是很费了一番思索的。因为这样一条动作线，"求爱"这两个字，用在一个80多岁、一国君王身上，真难理解呀！"人性论是人文主义的思想核心，它的基本内容就是所谓'人类之爱'。"李默然确定、沿着"求爱"这条动作线开展动作，符合莎士比亚的创作思想，忠于历史，不去拔高和做现代化的演绎。

慢慢地，李默然认识到，《李尔王》大悲剧中的主人公李尔，正是他自身悲剧的制造者。李尔的悲剧正是因为求爱不得。或者说李尔要的爱"到处碰壁"。而李尔的人性复归，正是由于穷苦的人民、老臣肯特、义子爱德伽、瞎了眼的葛罗斯特、小女儿考狄利亚，最终都给了他爱，他的人性复苏也就完成了。

不断地排练，又发现了一个有趣的问题，即评论家所说的"三疯相遇"。"三疯"是哪"三疯"？就是李尔、爱德伽、弄臣三人的疯。

但实际上，真疯的只有李尔。

弄臣是莎士比亚的代言人、"解说者"，凡富有哲理、道出真谛的话，都出自弄臣之口。

爱德伽是装疯，而只有装疯才能说出真实的、抨击世俗与时代疯症的真话。

李尔是真疯了，正好验证了理性分析中的那一句"清醒时是糊涂的，发疯了倒是清醒的"。

李默然注意到了历史的局限、莎士比亚个人的局限。他认为，自己不能做"反历史主义"的蠢事。相反，从"三疯相遇"，可见莎士比亚用心之良苦、手笔之高明。演员不可不对这样的人物产生痴情的爱，这种爱又必然反馈到演员要塑造的人物身上。这真是一件太有趣味太有意义的事情，李默然在其中获得了创作上的愉悦与幸福。

有人说："理解并说出莎士比亚剧中的台词，是演员的幸福。"有幸，李默然有了这种体会。

李默然历来主张舞台语言要"大江东去与潺潺流水并用"。这次塑造李尔，正好符合他的主张。但排练起来，却产生了另外一种没有意料到的局面。

诗化了的台词，以自己习惯的处理台词方法，看来并不困难，既可朗朗上口，又可赋予音乐感。但当排到第三幕（即"风暴"）时，困难来了。因为在未开排之前，许多前辈和专家一再告诫李默然："风暴"一场是表现李尔的主场戏，这一幕，既反映他的人性的复归，又反映整个社会悲剧的核心。这一幕戏，有 3 场李尔的行动，即三幕二、三幕四、三幕六。

这 3 场戏是李尔由激怒、呼号、怨愤直到发疯。这 3 场戏，有李尔清醒的呼号，有李尔疯癫后的呓语，更有李尔"心灵中的暴风雨"的奔泻。处理得好，可以震撼人心，深刻地表现这出大悲剧的社会意义；处理不好，会令观众感到莫名其妙，无法接受。

三幕二，有人说："是雷电颂。"

三幕四，有人说："是'心灵中的暴风雨'的强烈反映。"

三幕六，有人说："是疯了的李尔心灵悲哀的袒露。"

在实践中，李默然体会到这些说法很有见地，但作为演员，还必须把这些抽象的概括给予血肉生动的呈现。

这一幕戏，在某种意义上说是通过李尔的语言来完成形象的。

三幕二，李尔基本上还是清醒的，李默然以"激奋、控诉、吁请"为基调。

三幕四，李尔由清醒逐渐走向疯狂，李默然以"内心惨痛"，"外表硬朗""支撑"为基调。

三幕六，李尔彻底发疯了，李默然决定以"哀鸣、呼救、凄楚"为基调。朗诵与咏叹相结合，直白与呼号相结合。

李默然想，"风暴"一场如能被广大观众接受和承认，李尔的形象将得到基本体现。

经过 4 个多月的精雕细刻，李默然觉得《李尔王》成了，大导演丁尼也点点头。李默然准备率领剧组带着心爱的《李尔王》远征上海。

老伴龙潮知道这个戏感情激烈，李尔内心矛盾冲突巨大。她担心丈夫的身体，因为他是老冠心病，还有高血压。本来她是反对他上这个戏的。可是现在丈夫要出发了，她只好一再叮嘱："假戏不能真做，你不要激动，千万保重……"李默然笑笑，对老伴说："放心，我不会有事的。"

李默然本来是要用自己创建的长枪大戟雄浑壮伟的"李派"艺术来演李尔。可是刚到上海，剧组听了莎士比亚研究专家、中国莎士比亚研究会副会长张君川教授的一个学术报告。张教授说："演莎剧不能用大喊大叫的方式，这样会破坏莎剧的诗意。"

张教授的话没有恶意，他代表的是一种流派的一种观点。剧组里的人们也在担心，习惯于"海派"的上海观众能接受一向以"高调门儿、高速度、高节奏"称雄的"李派"吗？一些年轻人觉得张教授的话有点像一盆凉水。

李默然不愧为大家，他从容不迫、镇定自若，他说："不在于用什么方式什么手段来表演，而在于是否能够传神地塑造再现李尔！"在导演研究会上，李默然坦然声称："话剧应百花齐放，不独尊一家。"

1986年4月18日晚，上海戏剧学院实验剧院。剧场外，人们焦急地等待着剩票。不仅剧场内座无虚席，连通往二楼的阶梯式座旁边和剧场后面的过道都站满了人。

在热烈的掌声中，大幕徐徐拉开——

戴着王冠、披着王袍的李尔在灯光下突现，他的身姿高大挺拔，他的神态不可一世。他完全沉浸在他个人制造和别人帮助制造的虚幻的王者世界里，他龙骧虎步，君临一切，仿佛自己是万王之王。

李默然演绎的帝王气概逼得人似乎要倒吸一口凉气。

长期隔离社会的宫廷生活，让李尔变得有点无知了。他根本不了解客观世界现实是个什么样子。他提出"三分王国"给女儿，认为分国以后，他自己还会是一呼百应的国王。

李默然的一举手一投足、一个眼神、一句台词，无不突显李尔的刚愎自用、骄横愚昧的形象。

李默然表演的李尔最大的不同之处是，在形体、动作、台词、情感的设计上大量糅合化用了中国戏曲的表现技巧。最突出的，就是他用"四跪"将人物的情感历程充分展现出来。

他的第一跪，是跪的大女儿，表现的是强烈的愤怒和谴责。这个大女儿高纳利尔，几天前还满口甜言蜜语、一副孝敬心肠，可一旦李尔自动放弃了王冠，她立即凶相毕露，对父亲下了逐客令。李尔惊呆了，一时不知所措。

最后他选择了跪。

李默然直瞪双眼，看着眼前熟悉而又陌生的大女儿，突然大步冲到她面前，停下，猛地挺直身子，提起脚跟，使整个身子又高出一截儿，一个刹那的停顿后，猛地双膝跪倒。然后，呐喊出一腔的痛斥与咒骂。这个跪干净利落，不失"朕即天下"的君王气概，有跪无求，充满挖苦与鞭挞。

第二跪，是给二女儿里根，这次跪的是怨恨。当李尔被大女儿赶走，来投奔二女儿时，二女儿里根却要他回去给大女儿赔不是。他听完了这句话，想到了自我讽刺挖苦性的反抗方式。李默然是这样表现的——李尔没

◎ 1986 年，话剧《李尔王》剧照

◎ 1986年，话剧《李尔王》剧照

有马上回答，而是直瞪着两眼望着她，继而发出一声轻微的苦笑，一步步向她走去。里根愣了，不知父亲要做什么，慢慢地往后退，害怕地望着李尔。李尔忽然变得很平静，他慢慢地、慢慢地跪了下来，然后出乎里根意料地，一字一句地说："请求她（指大女儿）的饶恕吗？你看这样子像不像：好女儿，我承认我年纪老不中用了，让我跪在地上，请求您赏给我几件衣服穿，赏给我一张睡床，赏给我一些东西吃吧。"语气越来越急，越说越狠，三句"赏给我"，一句比一句狠。这次跪，与跪大女儿截然不同。剧情深入了，更令观众走进了李尔的内心世界。

人们评论说，李默然的念白是"西方朗诵与中国戏曲念白的最完美结合"，既体现了莎剧的原意，又挥洒自如地发挥了"李派"特点，使莎剧在中国话剧舞台上找到了知音。

第三幕"风暴"一场，李尔面对苦难的人民长跪不起，表现的是他的觉醒。这是他的第三跪。在被两个女儿驱逐之后，李尔的精神崩溃了。

李默然的表演是大笔纵横，酣畅淋漓——

李尔从舞台底幕的黑暗深处冲上来，在暴风雨中冲上来。猩红的披风像张开的翅膀，他将披风向后一甩，昂首向天，对着无限苍穹，对着无垠大地，对着无边的风雨雷电，他发出震撼宇宙、震动人心的怒吼。自然界的风暴和这位被遗弃的君王心中的风暴交织在一起。

　　吹吧，风，把你的嘴巴吹爆！
　　发狂吧，吹吧！
　　你倾盆瀑布和龙卷倾泻吧，
　　让水淹掉风车，浸到塔顶！
　　你硫黄臭的如心意般迅速的火啊，
　　你劈破槲树的雷霆的先驱，
　　把我的白发烧焦！你震撼万物的雷，
　　把这圆而厚的地球打成平板！
　　把自然界中的一切造型粉碎，把那忘恩负义
的一切胎芽一举溃灭！

真是飞来奇峰，惊天骇地。观众大气不敢出，静静地看台上的可怜的人。他们此时认为，这个老头儿就是80岁的李尔王，而绝不是59岁的演员李默然。接着，他诵出长长的独白："衣不蔽体的不幸的人们……啊！我一向太没有想到这种事情了。安享荣华的人们哪，睁开你们的眼睛来，到外面体味一下穷人所忍受的苦，分一些你们享用不了的福泽给他们，让上天知道你们不是全无心肝的人吧！"

李默然用40年的艺术底蕴来处理莎翁的台词，字字如珠玑闪光，句句如金石震耳。随着这带血的呐喊，李尔心绪沉重，迈着有节奏的重拍走向正面。他不颤抖，而是双眼闪着泪花，右手更使劲儿拉着下袍脚，手腕往上一翻，左手提着袍脚往下一压，巨大的身躯弯了下来，右腿先欲跪，又突然提起，改用左腿沉重地一跪，随后右腿也无力地着地。

李默然设计的这一跪，显得动作的节奏很有弹性，把这一组合动作和为人民祈福的台词有机融合起来，使人感到李尔的人性开始复苏了。

第四跪，是跪小女儿考狄利亚。他跪的是认罪。考狄利亚带兵勤王，打垮了邪恶的大姐二姐，然后，来精心照料父亲李尔。苏醒了的李尔，认出了小女儿。这就

◎ 1986年，话剧《李尔王》剧照

是被他逐出宫去并且发誓永不相见的小女儿。

这时，李尔内心极其痛苦，他支撑着身体，双膝沉重无力地跪在了床上——"请不要取笑我，我是个非常愚蠢的傻老头儿。活了80多岁了，不瞒你说，我怕我的头脑有点不大健全了……不要笑我，我想这位夫人是我的孩子考狄利亚。"小女儿连忙跪下，说："正是正是，您不能这样，您不能这样啊……"李尔接着忏悔，"你在流泪吗？当真？请你不要哭了，要是你有毒药为我预备着，我愿意喝下去。我知道你不爱我，因为我记得你的两个姐姐都虐待我；你虐待我还有几分理由，她们却没有理由虐待我。你必须原谅我。请你不咎既往，宽赦我的过失，我是个年老糊涂的人。"这充满忏悔与请罪的一跪，让观众流下了热泪。

李默然这别出心裁的"四跪"，是受了中国戏曲的启发，并创造性地融进了李尔的性格之中。其艺术效果正如专家们所说，是"荡气回肠""气贯长虹"！

最后一场是最精彩的一场，是李默然全部心血的结晶。59岁的李默然，患有高血压、冠心病的李默然，模仿想象中李尔的姿态，抱着考狄利亚的尸体从台下跑到台上。那一瞬间，李默然特像中国戏曲的老武生，动作潇洒精当，节奏有力明快。全剧那一大段独白，像莎翁的长诗一样，李默然虎啸龙吟般"狂嚎"了十几分钟，"哀号吧，哀号吧，哀号吧，哀号吧……"淋漓尽致地宣泄

1998年，李默然当选为中国戏剧家协会主席。由于家在沈阳，李默然常年奔波于沈阳、北京之间，中国戏剧家协会就在北京和敬公主府宾馆常租了一套房间，房号288，既是宿舍又是办公室。李默然时年已72岁，中国戏剧家协会是中国文联下属较大的协会，全国性活动多，协会内部也是工作繁杂，李默然事无巨细，亲躬亲力，组织会演、调演、艺术节、理论研讨等，为国家的戏剧事业发展作出了极大的贡献。

1999年，拍摄于北京

了李尔肝胆俱焚、悔恨交织的激昂情绪。这一段表现了"李派"艺术气势磅礴的特点。但这并不等于李默然的表演里缺乏柔肠，在接下来的情节中，"李派"艺术转换成了"潺潺流水"。

李尔轻轻地将女儿放下，擦了擦满眼的泪水，注视着女儿的脸庞，他认为女儿睡去了。他看了好久好久，又把女儿搂抱起来，喃喃自语："你看见了吗？瞧着她，瞧，她的嘴唇，瞧那边，瞧这边！"李尔，迷蒙中的李尔认定自己的小女儿还活着，不过是在睡觉，不过是睡熟了，就像她小时那样……带着这样无痛的痴想，他含笑走了，小女儿在前面为他带路，带他走向恒久的

◎ 1986 年，话剧《李尔王》剧照

天国……

3个多小时的大戏，59岁的李默然一气呵成。最后一场戏下来，李默然的脉搏跳动达每分钟130次。最后抱小女儿上场，他全身的骨头都要散架了。

同台的演员宋国锋、韩力、陈洪生、白之光以各具特色的表演，有力地配合了李默然。匠心独运的舞台美术设计，也使全剧异彩纷呈。

大幕落下，掌声狂爆。

国际莎士比亚学会主席菲力浦·布罗克班克冲上舞台与李默然拥抱，激动地说："你是演出《李尔王》的五国演员中最出色的一个！你是中国的活李尔！今天晚上是个了不起的夜晚，你的李尔王，演得非常动人，太棒啦！我在中国看到了一台真正英国式、法国式的《李尔王》。"

大戏剧家严正，这位当年为李默然"腔调式形式主义"而大伤脑筋的名导演，多年来一直在关心李默然的表演艺术的发展。他看了《李尔王》后，特别兴奋，饱蘸激情地写道："李默然创造的李尔既是莎翁笔下的李尔，也是中国的李尔，更是属于表演艺术家李默然的李尔！"

起初担心"大喊大叫会破坏莎剧诗意"的张君川教授看完全剧，大喜过望，他说："这出戏难度大，人物性格不好把握。辽艺的演出是出乎我的意料的，莎味很浓。李默然演得真好，观众能从他的表演中看到一些东西，比如对人的价值的再认识，以及人民性的表现等。"

李默然带领辽艺《李尔王》剧组，以横扫千军的雄风，风靡中国话剧的发祥地上海。原定只演 3 场，但要看《李尔王》的呼声一浪高过一浪。最后，应广大观众的强烈要求，《李尔王》加演到 10 场。

《李尔王》充分体现李派艺术"气势磅礴、感情奔放、深沉雄浑、挥洒自如"的特点，《李尔王》也使李默然在成为戏剧表演大师之后，百尺竿头，更进一步，登上了艺术的巅峰。

66 岁，他的表演已出神入化、炉火纯青。演出封箱之作时，他获得了演艺界的"最高荣誉奖"。

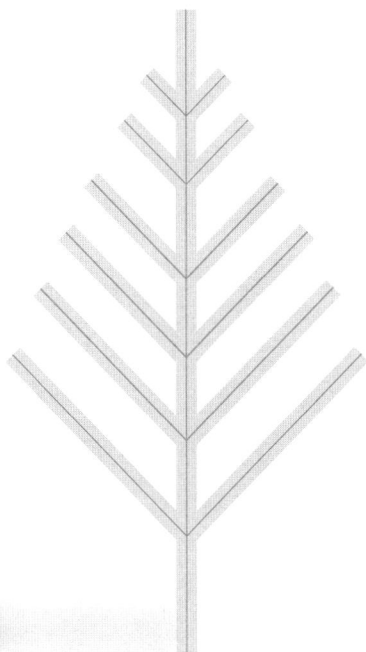

第十二章

《夕照》再登高峰，
大师的封箱之作

1993年初，66岁的李默然本来是想彻底退出舞台的，他太累了，年事已高，身体也不尽如人意。演了一生大戏的艺术家，也该回到幕后休息了。可是就在这一年，青年剧作家李景宽写了一出戏，名叫《夕照》。

《夕照》描写一个老画家在风烛残年之时，与痛苦分手近40年的发妻重逢的故事。

一天黄昏，向来不与女士打交道的老画家甲泽很不情愿地接待了前来买画的外商阿贞女士。奇怪的是，阿贞不要别的画，非要甲泽事先用布蒙起来的一幅20世纪40年代的旧作《春》。谈起这幅画的创作经过，阿贞如数家珍，老画家十分惊异。原来她就是《春》的模特儿，也是自己的结发妻子。

她原名叫卢婷，40年前因家庭变故父母双亡，饥寒交迫昏倒街头。青年画家甲泽救了她，并推荐她当了美术学院艺术系的模特儿。卢婷天性纯洁善良，像透明的清泉、火焰中的雏凤，具有超人的忍耐力，深受师生们的喜爱。

当时的甲泽年轻有为，像展翅的海鸥，一心扑在油画艺术事业上，立志想画一幅题为《春》的裸体画，体现东方的女性美、青春美，梦想与法国古典派大画家安格尔的名画《泉》媲美。卢婷不仅感激甲泽的救命之恩，而且深深地爱着甲泽，尤其佩服他艺术上的远大抱负。为此，她甘愿牺牲自己的一切，帮助甲泽实现其艺术夙愿，单独为《春》做模特儿，由此激发了甲泽的创作激情。

然而，甲泽却因与卢婷结婚而被学校辞退，父亲与他断绝关系。为了生活，他不得不拼命作画。在创作《春》的过程中，甲泽突然病倒。卢婷瞒着他去给别的画家做模特儿，挣钱为他治病。不料，社会上的流言蜚语却引起甲泽的疑心和不满。为保全甲泽的名誉，卢婷没有做任何解释，含泪离去，以打工甚至卖身的钱救助病重的甲泽。可甲泽并不知这些事实真相，因为卢婷是以甲泽姑妈的名义给他寄钱的。

当老年的卢婷讲出这些事实时，甲泽的心灵受到了极大的震撼，"我不配拥有那大海般情怀的妻子，我不配接受那金子般心灵的抚爱……"在懊悔之中，甲泽又重新唤起早已泯灭的创作激情。

全剧围绕《春》这幅画展现了老画家和女模特儿的人生沉浮，给人以颇具哲理意蕴的人生感悟。这是一部探讨人生与美的作品，作者以细腻的艺术手法，通过对人物心灵的开掘，表达出现实人生的深层意蕴，"在一个独特的情境中展开了生命的对话"，并借用布景、道具、音响等艺术手段强化这一主题。如用教堂的钟声，用扑朔迷离的灯光和舞台布景，用"摇椅""油画《春》"等"会说话的道具"，并借助音乐的渲染，使全剧自始至终笼罩在如诗如画、如泣如诉的诗意氛围中，形成了一种哲理意味的诗剧的品格。

《夕照》原稿本发表于《剧作家》1991 年 5 期，修改本发表于《新剧本》1993 年 6 期。

李默然几乎是一口气看完了剧本。他大为振奋，决定排这部戏，去参加中国话剧艺术研究会在北京举办的

◎ 1993 年，话剧《夕照》剧照

中国小剧场戏剧展暨国际研讨会。他亲自点将确定《夕照》的导演、舞美，并挂帅主演。

李景宽得知这一消息，异常兴奋。尽管剧本由辽宁人民艺术剧院来排，由李默然主演是他的最高心愿。但梦想成真以后，他倒有点不敢相信了。

6月20日，编剧李景宽应邀从齐齐哈尔来到辽宁人民艺术剧院，听取专家们对剧本的修改意见。在院长办公室，他看到了全体主创人员，那些闪闪发光的名字让他激动，这是中国话剧界一流的创作班底！演员剧团团长贾华对他说："你要稍微等一下，默然前两天做了个小手术，眼角上切掉一个粉瘤，刀口还没合上呢。大家不让他来，他听说你来了，一定要来见面。我们派车接去了。"

就在这时，李景宽听到了一串爽朗的大笑，好像很耳熟。门开了，李默然手拿一把折扇走了进来。

李景宽过去没有见过李默然，他赶紧起身，向老前辈致意。

李默然发现李景宽有点拘谨，就把大手伸了过去："齐齐哈尔变化大吧？我有30多年没去了……人老了怕死，瘤子不切除不放心。还好，经过化验，只是个粉瘤。"说到这儿，大笑起来。

接着，李默然对李景宽说："我很喜欢甲泽这个人物。我不满足过去所创造的那些艺术形象，特别不满足那些高大的正面艺术形象。我特别想塑造一个另类的形象，他既不能用单一的政治观点来评价，又不能用单一的道德观点来评价。应该是个生活中普通而又独特的人物形象。这么多年，我一直在寻找，终于在你的《夕照》里找到了。这个老画家因年轻时的褊狭与自私，步入了人生的误区，一生也没有辉煌过。到了晚年，他像失去了光泽的海鸥，已无力再振翅飞翔了，但他从来没放下手中的画笔，总是不停地在画布上涂抹。他孤僻而又怪诞，甚至不近人情。这个形象很有个性，合我的意。"

李景宽听了，更加觉得《夕照》与李默然真是太有缘了。为什么呢？原来，李景宽写剧本有个特点，也可以说是个有趣的习惯。他拿起笔来，总喜欢在心里为笔下人物物色合适的演员，然后根据演员的一些特点写戏，把人物和演员巧妙地糅合到一起。创作《夕照》时，他就琢磨，老画家跟哪位话剧演员相近呢？想了几位表演艺术家，经过比较，最后他认定李默然比较合适。于是，在笔走龙蛇之时，心中的老画家形象就与李默然重合了。根据李默然那江河奔腾般的台词功夫，李景宽给他写了许多散文诗一样的大段独白。别人看了，都说这个角色只有李默然能演得来。

李默然非常喜爱《夕照》。

他对艺术精益求精，也要求李景宽这个小老乡对剧本进行反复打磨。这样，李景宽四次来沈阳，先后修改了五稿。每次稿子拿出来，专家们都要进行认真讨论。李默然知道自己的话有多重要，他担心自己造成"一锤定音"的局面，所以讨论时从不多说话。他总是让导演、舞美设计师把话说尽。他只是强调一句话：格调搞得再高一点。

李默然提醒李景宽："你不要给我写那么多大段的台词，全剧只有一个核心台词就行，放在高潮处，不怕长，社论我都可以把它变成台词，何况诗一般的台词呢。"

每改一稿，李默然都要鼓励道："大有提高，好！"当最后一稿完成后，李景宽心里依然没有底，毕竟是头一次与李默然这样的大师合作，他不知会是什么结果，生怕弄砸了，对不起老人家的信任。可是，当他把剧本从头到尾读了一遍之后，李默然高兴得带头鼓起掌来。在座的人也都为李景宽叫好。李默然激动地说："剧本改得很成功，景宽人品很好，一次一次地修改，他没有表现出丝毫的不耐烦、不高兴，也是一个对艺术负责的人哪！"

1993年11月3日上午，在剧院的排练厅里，《夕照》第一次联排。开排前，李默然做了简短的开场白："对话剧面临的困境，大家都感到困惑和忧虑，与其到处叫喊，不如亲自实践，积极探索振兴话剧的道路。现在话剧的观众少，在大剧场演不了，到小剧场演行不行？我们排演《夕照》，就是要探索一下小剧场有没有生命力。"

小剧场话剧起源于 1887 年的法国，由于这种话剧表演的舞台一般延伸在观众席中，使观众和演员之间可以更直接地交流，因而深受欢迎，很快便风靡世界。小剧场话剧，顾名思义，要求剧场很小，一般以 200 名观众为宜。20 世纪 90 年代，我国的小剧场话剧还不发达，在很多大城市里也没有多少像样的演出。

李默然认为，小剧场反映大世界。它可以争取到更多的观众参与，有产生强烈共鸣的极大可能性。要努力做到雅俗共赏，充分发挥艺术的多功能教育作用。

这次排演《夕照》，李默然就要尝试一下。

在排练时，李默然从没有迟到过。腰疼病犯了，仍然坚持排戏，每排一遍，他都把戏做到位做到家。从排练场下来，常常是浑身汗水湿透衣服。在排高潮戏时，因剧情的需要，李默然要向青年演员周红双膝下跪。最初几次排练，周红实在受不了年迈的李老师这一跪，她总要不由自主地跪下。这样重复了多次，周红才渐渐适应。李默然没有因多次重复这个动作而有丝毫厌倦，他十分理解周红作为晚辈、作为学生对他的尊重。

进京之前，《夕照》在辽艺小剧场试演。

首场演出，李默然还是不放心，他担心自己把那些崇高的形象带给甲泽。吃午饭的时候，他问大家：看我在舞台上像不像党委书记？辽宁人民艺术剧院院长宋国锋幽默地说："我都怀疑你是不是个党员。"大家听了，

◎ 1993 年，话剧《夕照》剧照

都笑了起来。

第二天，各大报刊、电视台、电台都对这次演出做了报道。有一篇署名清山的评论这样写道："李默然的表演精彩绝伦，他高超的演技与独到的台词处理，使观众与他共同体会了一次人生的悲欢和磨难，共同经受了一次情感和生命的折磨。"

试演大获成功。《夕照》载着家乡人民赠予的掌声与鲜花进京了。

当时，正是话剧处于困境之际，李默然以年迈之躯登台做封箱告别演出，这让首都广大观众深深感动。尽管票价高达 60 元，但大家还是蜂拥而至。

《夕照》所焕发出来的情感力量，虽然来自两个单体的人，却能非常强劲地撼动众生的灵魂。让人的灵魂疼痛，并发出号啕般的痛哭。

误会，让男主人公于 40 年前赶走了妻子，40 年来余怒不消，耿耿于怀。他不但一个人度过了漫长的孤独岁月，而且以妻子为模特儿的人体油画《春》至今仍停留在当年的半成品状态，那时他是想创作一幅世界名画的。到了晚年，当年的雄心壮志，只成了充满痛苦的回忆。卢婷刚进来时，甲泽并没有认出她来。对话，似乎是两个陌生人在对话，但卢婷心里却是清楚的。面前的人，就是她曾经的丈夫。

40 年孤独的生活造就了他古怪、冷僻、不谙人情的性格。然而，新情况出现了，卢婷对那把躺椅、对这里环境的熟悉，引起了他的警觉。在这个环节上，李默然的表演是：好像觉察到了什么，但还不能肯定。于是，他表面上从容自若，不动声色，暗地里却下决心要试探到底，一追究竟。

观众在他的慢声低语里，可以窥视出其内心在思考着对策。当他发现卢婷频频表现出对《春》的关注，在

◎ 1993 年，话剧《夕照》剧照

《春》面前的强烈反应和不惜任何代价定要买走《春》时，他实际上已经猜出面前的这个女人就是卢婷了。积蓄了40年的怨恨，并没有让意外的相逢产生丝毫惊喜，他的心依然冷静如铁石，无情地拒绝出售《春》。他的目的，就是要让卢婷亲口说出自己是谁，回来干什么，当年到底是怎么回事。最后，甲泽忍不住，终于点破了卢婷。

然而，奇峰突起，卢婷说出当年出走的原因竟是他的"罪"。甲泽的心仿佛被霹雳重击一下，他先是震惊，不自觉地问："这是真的？"接着，仔细琢磨卢婷陈述的前后细节，真相大白了。这时，所有的怨恨都化作无穷的忏悔，他终于认识到，他害了自己、害了卢婷，虚掷了40年的生命，造成了两个人无法挽回的爱情悲剧。这时，李默然的表演是颓然坐倒，心灵彻底被击垮了。他愧疚万分地望着卢婷，像一匹受了重伤的老狼，带着从内心里流出的血泪哽咽着呼出："……我连赎罪的机会都没有哇！"至此，老画家的心理层次和情感流程在李默然精湛的表演中袒露无余，扭曲复杂的心态，让他演绎得淋漓尽致。

首都观众爆发出雷鸣般的掌声，赞美他出神入化的表演。

当时的报纸这样描述其盛况："举办者忽视了观众对李默然的喜爱程度，忽视了'封箱演出'带给观众的惋惜、牵挂、震动和痛苦。青艺小剧场前聚满了人，人们挤进剧场，剧场爆满，连过道上都挤满了人。剧场大门紧闭，但还有许多观众坚持要进去。几个女学生竟从男厕所的窗户跳进去……有一对中年夫妇下了班，没吃晚饭，就直接来到剧场，他们带着孩子，挤公共汽车，从北新桥到东大桥，3张票花了男主人近半个月的收入，可他们觉得值，因为他们担心从此再也看不到舞台上的李默然了。那天晚上，风很大，地上结满了厚冰，一位70岁的老大妈穿着厚厚的羽绒大衣来了。她平日很少晚上出门，可她觉得'邓大人'的戏非看不可，听说老先生要告别舞台了……剧场的门被挤破，玻璃碎落一地……引来大批保安和警察……"

于是，《夕照》不得不加演。那3天，能容纳400人的青艺小剧场每天都挤进600多人。

本来剧组要撤了，可是北京观众还要看《夕照》。

于是，李默然突发奇想，他提出要换个地方，找个商业环境，舞厅、歌厅都行。剧组内聪明人明白了，老英雄是想让《夕照》与颓废的市声对抗一下。

《夕照》在蓝岛大厦的伊甸园剧场连演数场，场场爆满。前后加起来，在北京演出场次竟达100余场。

演出的时候，李默然的长子李龙吟自始至终站在舞台近旁，心疼地看着父亲。他对采访的记者说："每场下来，父亲都浑身是汗。他年纪大了，太累了，他在戏中太投入了……"

◎ 1993 年，话剧《夕照》剧照

在中国小剧场戏剧展暨国际研讨会闭幕式上，《夕照》荣获"优秀剧目奖"，李默然获"最高荣誉奖"。

《夕照》是那一届参展剧目中唯一译成日、英、法等外文版的剧目；演出录像被选入《新中国舞台影视艺术精品选》，并制成光盘公开发行。

李默然"封箱演出"的最后结果是：《夕照》剧组应观众的要求不得不全国巡演，一直演到 1998 年，又演了 100 多场。

  《夕照》也作为近百年来中国话剧在其发展过程中比较有代表性的 41 部优秀作品之一，被选入《中国文艺图文志·话剧卷》。

舞台剧的封箱，让李默然的戏剧生涯没有了遗憾！

电视剧《光荣街十号》中的马司令又点燃了他塑造一个革命老英雄的欲望，他再一次全身心地投入，并且实现了荧幕形象塑造的飞跃，成功之后才欣然息影。

探索成长之路，解读智慧人生，
本章内容，扫码收听。

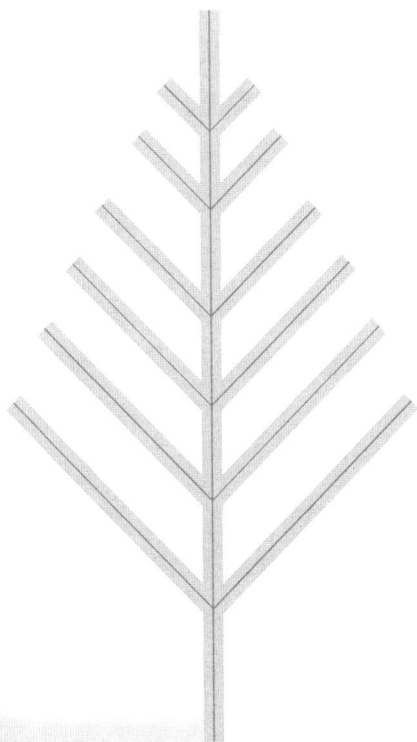

第十三章

电视剧《光荣街十号》，
春风化雨润泽青少年的心田

话剧《夕照》中老画家甲泽的人物塑造，应该说是李默然舞台艺术创作的一个转型尝试。《夕照》作为李默然的封箱之作，塑造的是一个人格扭曲的形象，应该说这是对他作为一个表演艺术家的自我挑战。

李默然成功了。

时间来到了 1998 年，李默然已经 71 岁了。

除了参加一些晚会、朗诵会、慰问演出等社会活动外，他已经不再参加戏剧舞台演出活动了。

恰好这个时候，辽宁电视台准备拍一部为新中国成立50 周年献礼的电视连续剧《光荣街十号》。主创团队成员普遍认为，剧中男一号马司令的扮演者非李默然莫属。

当电视台的人联系到李默然的时候，他说："我已经封箱了。"电视台的人当然不想轻易放弃，劝他说："舞台封箱和影视息影是两回事，您看看剧本再做决定吧！马司令这一角色非常适合您，您看了就知道了。"

就这样，李默然看了 20 集剧本中的前 8 集。当他看到剧本所表现的内容是革命理想与信仰的传承，是对青少年进行理想教育，是对社会不良倾向的有力批判，是对人类真善美的热情讴歌后，便爽快地答应接戏。

出于对这部戏的高质量要求，李默然亲自出马找到老朋友王润身（电影《林海雪原》中杨子荣的扮演者）、张勇手（电影《奇袭》中方连长的扮演者）、陈汝斌（电影《地下尖兵》中特工的扮演者）、谢芳（电影《青春之歌》中林道静的扮演者）、陶玉玲（电影《柳堡的故事》中二妹子的扮演者）、贺小书（电影《被爱情遗忘的角落》中菱花的扮演者），大家组成精英团队共同演绎这部跌宕起伏、宏伟雄壮、充满人情味的情感大戏。

电视连续剧《光荣街十号》讲述的是在某城市一个部队军以上干部休养所里发生的故事——

马司令、金政委、尚参谋长3位离休老将军的家都住在这里。

一天，马司令应在军友公司任总经理的儿子马跃进之邀，同家人一起在香格里拉酒店吃饭。席间，偶遇前来大陆投资的台商——王有禄。王有禄的到来，给原本并不平静的马家又添波澜。

马司令不仅是王有禄的同乡，还是王有禄亲生女儿马莎的继父……此时的马莎已下岗两年，新近又离异，尚不知自己还有一位拥有亿万身家的亲生父亲。马司令的儿子马跃进参与非法集资，公司资不抵债，濒临破产，亟待引入王有禄的投资以解其困境。

马司令意欲告诉马莎她的身世，却遭到夫人亦是马莎生母贺阿姨的极力反对……贺阿姨瞒着马司令只身前往香格里拉酒店去见前夫王有禄，明确告知他不要打扰马家人的生活。

马司令约老战友金政委、尚参谋长谈心腹之事，没料到金、尚二人也各有烦恼缠身。

这场戏中，3 位老将军的对话情感充沛、道理深邃。回忆过去的战斗岁月慷慨激昂，叙说当下的幸福生活喜上眉梢，表演既诙谐又幽默，情绪既生动又饱满……

文艺评论家仲呈祥评论说："这场戏唠出了人生况味。"

王有禄认女不成，留下 5000 万投资马莎原来所在工厂，并指名马莎为董事长，用以偿还 50 年来心中的愧疚。令他万万没想到的是，马莎知道这一切之后，义无反顾地离开了工厂，拒绝了生父的馈赠。原来马司令把一切如实地告诉了马莎，并让她自己选择。马莎十分镇静，继父 50 年的呵护养育，一位老共产党员的人格力量已经在她心中深深扎根，她毅然选择了自己的人生道路……

马跃进得知这一切之后，力图说服父亲利用与王有禄的关系引进投资，遭到马司令的严词拒绝。

正当此时，马跃进非法集资东窗事发，检察院立案侦查……

马司令明辨大是大非，一身正气又有儿女情长，亲送骨肉马跃进到检察院投案自首，又敲开香格里拉酒店的房门，将养女马莎领到王有禄面前，让马莎认其亲生父亲，使得这位前国民党高级将领、现在的富商巨贾老泪纵横，深为马司令的胸怀和人格力量所折服……

剧情发展到这里，马司令、金政委和尚参谋长又一次在马司令家喝了一顿酒。

3位老将军在经历了一段不平凡的晚年生活之后，感慨万千，互诉衷肠。马司令端起酒杯一饮而尽，此时此刻，有一段感人肺腑的深情道白。李默然表演得荡气回肠、催人泪下。

他端起酒怀一饮而尽，朗声说道："好了，不谈这些事了。老百姓讲话'该谁的事谁担着'，别悲悲戚戚、怨天尤人。也就是老了吧，年轻的时候啥没经历过？说不好听的，当年把脑袋别在裤腰带上冲锋的时候，想过还能有儿子吗？比起那些连媳妇是啥样、女人是咋回事都不知道就牺牲了的战友们，咱们已经是偏得了。是的，我悲哀过！在送我儿子去检察院的路上，在烈士纪念碑前，我曾经感到过一阵莫名的悲哀！因为我曾经统领过千军万马，却管不好自己的儿子。我跟你们说实话，我动摇过。昨天晚上，当儿子喝完一瓶白酒，哭着跪在我面前的时候，我的心里说不出是啥滋味……他在向我承认错误，哭着求我帮他一把……我没答应，我是咬着牙没答应——我面对的是自己亲骨肉绝望的眼神。我为我那一瞬间的动摇感到耻辱，那

◎ 1998年，电视剧《光荣街十号》剧照

是一种非常不好的感觉，就像当年冲锋时一瞬间产生过的怯懦甚至要掉头的想法，可我挺过来了。当我把儿子送进检察院的大门，抬头看见那金灿灿的国徽的时候，我好像又看见了当年插上敌人城墙的那面红旗，我对自己说'你又赢了'！"

这段戏的表演，李默然对人物心理和情绪外化的处理都相当准确、自然、动情。

在这部连续剧的拍摄中，李默然宝刀不老，有两场戏显示了他的台词功力和气运节奏的把握，尤其是人物内心激情的爆发，典型地体现了他本人创造的李派表演艺术风格。其中一场戏是马司令在九一八事变纪念碑前对青少年进行革命传统教育。

这一段戏的台词振聋发聩，掷地有声。

李默然的表演充满激情又亲切感人："同学们，你们知道我们为什么把你们比作花朵吗？因为你们是我们的延续和希望，也是我们这个国家、这个民族的延续和希望。毛泽东曾经说过，世界是你们的，也是我们的，但是归根结底是你们的。如果把我们比作是昨天和前天的话，那么你们就是今天，你们就是明天和将来。我和你们的爷爷们经历了这些耻辱、经受了那么多的苦难，我们也用了几十年的时间来洗刷这些耻辱、消除那些苦难，作为一个老军人，我向你们保证，只要我在，只要我们这些人在，就决不会让你们经历那些耻辱、那些苦难。但你们也要向我们保证，不要忘掉这一切，你们不要忘，你们的儿子、孙子也不能忘。要记住那句话，那不是诗，也不是歌，那是现实：没有共产党，就没有新中国。"

当李默然说到"那不是诗，也不是歌，那是现实：没有共产党，就没有新中国"的时侯，观众仿佛看见了一位饱经沧桑、战功卓著的老将军用他的人生感悟和肺腑之言，在和青少年朋友们对话。

另一大段台词是剧情发展到部队整编的时候。

在八一军旗下，马司令对即将退伍的战士进行的一场革命传统教育。整段台词4分半钟，李默然一气呵成，抑扬顿挫，慷慨激昂。

李默然站在讲台上，伟岸高大，声若洪钟："我羡慕你们哪，同志们！我羡慕你们年轻，羡慕你们有活力，羡慕你们脱下军装的时候仍然这么年轻，仍然这么充满活力！俗话说'铁打的营盘流水的兵'，你们光荣退伍了，将奔赴社会主义祖国建设新的战场，同时也带着你们的年轻和活力，更带着这支部队战功卓著的光荣历史！我希望大家能在新的岗位上干出一番新的事业，以无愧于我们这面军旗，无愧于'革命军人'这一神圣称号！是的，'一个不想当将军的兵不是好兵'，可一个只想当将军的兵也不见得是好兵，一个只会做将军的将军未必是好将军！我们已经走进了一个新的时代，国家富了、强了，需要更多的人投入现代化建设之中，历史选择了你们，你们有幸！历史也曾选择我们，我们也有幸！国家有幸，人民有幸，何乐而不为？是啊，当我们挥别这面军旗的时候，我们会有许多的留恋，因为她曾经记录过我们的汗水和鲜血，但我们没有遗憾。如果有一天，当共和国需要我们重新拿起枪的时候，我相信大家一定会再集合在这面军旗下——我相信你们会来！我也一定会来！"

拍这场戏的时候，剧组组织了800多名现役军人参演。李默然在表演这段戏的时候，台下鸦雀无声，每个战士都瞪大了眼睛、屏住了呼吸。

台词说完后，现场爆发出雷鸣般的掌声，参演的战士们不断地欢呼、叫好！一场好戏让他们热血沸腾。

这部戏的拍摄还有一个有趣的故事，李默然主演马司令，他的大儿子李龙吟饰演马司令的儿子马跃进，小儿子李龙跃是这部戏的导演。

李龙跃拍这部戏之前也已经导了好几部戏，获得过中国电视剧飞天奖，好多人都担心这种父子关系合作起来恐怕是要闹出许多问题，在拍摄的过程中是老子听儿子的，还是儿子听老子的？

李默然说："老子是老子，儿子是儿子，导演是导演，演员是演员，演员就要服从导演。"

有人故意调侃李龙吟："你这当哥的怎么跟弟弟合作啊？他是导演，要大牌怎么办？"李龙吟说："谁说得对听谁的，但是最后还是听导演的。龙跃也不可能耍大牌，不用我收拾他，那么多老艺术家，谁都能收拾他。"

在一群老艺术家的带领下，《光荣街十号》摄制组成为一个和谐、团结，有战斗力的优秀摄制组。

一个优秀摄制组潜移默化的影响力是巨大的，饰演马司令外孙子的抗敌话剧团学员丁宁和饰演金政委家小保姆的抗敌话剧团学员刘婷婷在拍完这部戏之后，对表演专业信心大增，努力准备文化课，强化训练专业课，当年双双考入中国人民解放军艺术学院戏剧表演系。

饰演马司令警卫员儿子二狗的小演员，当时念小学六年级，受剧组爷爷奶奶、叔叔阿姨们对待工作的态度和精神的感染，拍戏不忘学习，半宿半宿地补课，最后考上了

◎ 1998年，电视剧《光荣街十号》剧照

辽宁省实验中学。

《光荣街十号》播出后，观众反响强烈。第七届精神文明建设五个一工程奖颁奖词中说：这部戏重铸了民族之魂。

中国国家话剧院演员于黛琴写信给李默然，代表老一辈话剧工作者感谢他，信中说："这才是我们想要看到的电视剧。"原沈阳军区后勤部一位离休干部站在辽宁电视台门口等了导演一天，就是为了获取一套《光荣街十号》的录像带。

文艺评论家仲呈祥评论说："这俨然是革命的《三家巷》。"

《光荣街十号》是我国第一部全面表现部队离退休老将军晚年生活的电视连续剧。拍完这部戏，李默然就再也没有出现在影视剧中。而他塑造的马司令的形象却深入人心，他代表的剧中的老一辈革命家虽然已经不再叱咤风云，但是他们仍然在为党和人民的事业呕心沥血。

　　这些永存的艺术形象，时时撞击青少年们的心灵。

他是坚定的爱国者，人民忠诚的儿子。当祖国向他展开欣欣

向荣的景象时，他情不自禁地拥抱着、歌颂着，并终生不悔。

探索成长之路，解读智慧人生，
本章内容，扫码收听。

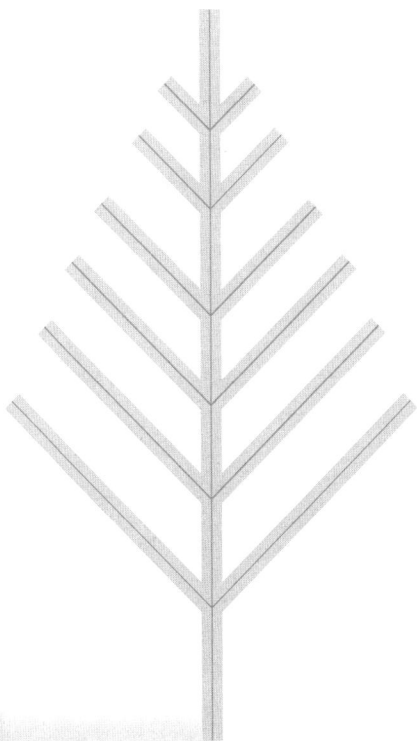

第十四章

爱祖国爱人民，
是他心中永恒的信念

参加革命后，在领导和同志们的帮助下，李默然逐渐确立了正确的世界观、人生观和价值观。

特别是1947年底的土地改革，给李默然的触动特别大。文工团来到黑龙江省肇东县六区胡仙堂村，他亲眼看到一户雇农，三个孩子两个大人，全家五口人只有一套衣服一床被子。他们吃了上顿没有下顿，连烧柴也没有，全家人坐在冰冷的炕上。共产党来了，分给了他们土地，他们的生活这才一点点变得好起来。

翻身农民对共产党那种感激之情，让李默然看到了国家的希望。"即将诞生的新中国是人民的，是从未有过的人民的天下，我愿意为这样的天下而奋斗而工作……"这是他当时最为真切的认识。

在与解放区铁路工人的接触中，李默然的这种认识更为深刻，他开始热烈地憧憬新中国。

在主演爱国主义戏剧的过程中，在文工团这个革命大家庭里，李默然爱祖国爱人民的思想一天一天地成熟，他对祖国对人民的情感越来越浓烈。

1947 年底，李默然深情地写出了一首歌唱解放区、歌唱劳动的歌词《建设新中国》。两年后，这首歌发表在 1949 年 4 月出版的《人民音乐》第一卷第四期上。歌词是这样写的——

咱们有了共产党，
千年的愁脸放红光，
咱们有了毛主席，
受苦的人民笑嘻嘻。
工人今天翻了身，
过去的痛苦要牢记，
肩并肩团结起，
团结的力量似钢铁。
日夜加工多生产，
工厂的主人就是咱。
迎接五月一，
争取英雄争模范。
前方大军来作战，
生产支援咱在先，
建设咱们的新中国，
工人阶级带头干！

建设新中国

李默然 词
秋里 曲

B调 2/4

（歌谱）

咱们有了共产党 千年的愁脸放红光 嗳嗨 嗳嗨
放红光 咱们有了毛主席 受苦的人民笑
嗨嗨 咳嗨 咳嗨笑 嗨嗨 工人今天 翻了身
过去的痛苦要牢记 肩并肩 团结起 团结的力量 似钢铁
日夜加工多生产 工厂的主人 就是咱 迎接 五月一
争取英雄争模范 前方大军来作战 生产支援
咱在先 建设 咱们的新中国
工人阶级带头干

◎ 歌曲《建设新中国》发表在《人民音乐》上

歌词写得很朴素，却是李默然当时的真情实感。

两个月后，1949年6月，《东北画报》上又发表了李默然的另一首名为《青年之歌》的歌词——

青年的歌声嘹亮，青年的意志坚强

我们在苦难里生，我们在苦难里长

我们在斗争里生，我们在斗争里长

革命的烈火把我们锻炼成钢

前线后方战斗生产，我们一直勇敢担当

毛泽东的思想把我们教育成长

科学文化、工业、农业，我们一直不断地钻研

在毛泽东的时代里生，是中国青年无上的荣光

我们有毛泽东教育，我们有共产党领导

新中国的建设，担在我们的肩上

我们勇敢我们坚强，我们继承革命的传统

我们永远地奔向前方

这些歌词，都表达了李默然热爱祖国、热爱人民的感情。李默然是个坚定的爱国主义者，他是人民忠诚的儿子。

20世纪70年代，李默然在辽宁体育馆的大型晚会上，朗诵鲁迅的文章《中国人失掉自信力了吗》，他的声音，依然那么清晰——

……我们从古以来，就有埋头苦干的人，有拼命硬干的人，有为民请命的人，有舍身求法的人……这就是中国的脊梁。

这一类的人们，就是现在也何尝少呢？他们有确信，不自欺；他们在前仆后继地战斗，不过一面总在被摧残，被抹杀，消灭于黑暗中，不能为大家所知道罢了。说中国人失掉了自信力，用以指一部分人则可，倘若加于全体，那简直是诬蔑。

要论中国人，必须不被搽在表面的自欺欺人

的脂粉所诓骗，却看看他的筋骨和脊梁。自信力的有无，状元宰相的文章是不足为据的，要自己去看地底下。

鲁迅先生那颗赤诚之心，被他声情并茂地表现出来。李默然是具有鲁迅精神的。

爱祖国爱人民，对国家和民族的前途充满热望，这正是一个真正艺术家的本质特征。

"固守自己的精神家园，完善自己的道德情操，痴心民族的戏剧艺术。"这是李默然先生的儿子李龙跃对父亲的评价。

李默然自己也多次讲："一个演员，没有对祖国对人民的执着热爱，他是无法产生激情的。"

人们说，李默然是操纵情感的大师。他的戏，大都气势宏大、激情洋溢，"如幽燕老将，气韵沉雄"，具有感人肺腑的情感力量。

从这些评论里，就可以追索出李默然表演艺术卓越的根源所在，那就是一种根植于内心深处的爱，爱祖国爱人民。

1947 年，参加革命队伍的文工团后不久，李默然真切地看到了共产党是为人民办实事的，确实像人民所唱的那样，是人民的大救星。他下决心要为国家为人民好好演戏，要用自己的艺术去引导百姓，提高他们的思想境界。

他当时曾这样表达自己朴素的思想感情："我要好好为国家为人民做事，要做出成绩来，为此，我愿掉几斤肉，我愿牺牲一切。"

为了记住当年的亡国之恨，他少年时被日本警察打掉的牙齿，一生也没有镶上。

他艺术上的成功，就是来源于这种深厚的情感。

对于前辈艺术大师的爱国壮举，李默然推崇备至。

他曾不止一次地对青年演员说："梅兰芳、程砚秋面对日寇的侵略，蓄须明志、荷锄耕田，既表现了两位大师的民族气节，也反映了他们对荣誉的珍惜和爱护。当他们卖字画为生时，看到自己的书画上写了敌人的名字，他们就把书画撕成碎条条。这是何等感人哪！"

李默然对祖国和人民的热爱，不仅表现在他的戏剧表演上，也表现在他热爱的诗歌朗诵里。是的，除了话剧、电影之外，李默然还是当代中国的朗诵大家，至今，他的朗诵艺术还深深地影响着广大青少年。

在李默然先生喜欢朗诵的诗歌里，有一首是艾青的《我爱这土地》，其中那句"为什么我的眼里常含泪水？因为我对这土地爱得深沉……"每次朗诵至此，李默然都要哽咽。

1995 年 8 月 13 日，在美国纽约林肯艺术中心举办了一场盛况空前的纪念抗日战争胜利 50 周年合唱音乐会。令人心潮澎湃的《黄河大合唱》开始了，李默然伟岸的身形出现在飞雪音乐厅的舞台上，朗诵词还未出口，掌声已"奔流到海不复回"。不久，他洪钟般的声音响了起来——

朋友！你到过黄河吗？你渡过黄河吗？你还记得河上的船夫拼着性命和惊涛骇浪搏战的情景吗？如果你已经忘掉的话，那么你听吧！黄河以它英雄的气魄，出现在亚洲的原野。它表现出我们民族的精神：伟大而又坚强！我们是黄河的儿女！我们艰苦奋斗，一天天接近胜利。但是，敌人一天不消灭，我们一天便不能安身。我们难道永远逃亡？听啊：珠江在怒吼！扬子江在怒吼！啊！黄河！掀起你的怒涛，发出你的狂叫，向着全中国被压迫的人民，向着全世界被压迫的人民，发出你战斗的警号吧！保卫家乡！保黄卫河！保卫华北！保卫全中国！

李默然纵情传达母亲黄河的惊天涛声，传达中华民族宁死不屈的血性。那一刻，他是被日本警察殴打的孩子；那一刻，他是跟随大军转战南北的文艺战士；那一刻，他是驾战舰冲向敌人的邓世昌；那一刻，他是黄河杰出的儿子！

飞雪音乐厅颤抖着承载他奔腾的气势，回应着他气壮山河的呐喊。人们说，如果没有深厚的爱国主义情感，是创造不出这样的艺术效果的。

歌唱家戴玉强回忆说："走台时李默然老师朗诵了一段《黄河》，我一个人在台下，毫不夸张地说，听得我浑身发抖，血脉偾张，老爷子给了我很大的触动。"

对青年演员体现出来的爱国情怀与爱国壮举，李默然从来都是高声点赞。

1992年3月23日至4月23日，姜文应邀去美国访问。好莱坞著名影星达斯汀·霍夫曼全神贯注地看着姜文，忽然对他说："你才29岁就成了明星，太年轻了。你的年龄使我想到很多。我29岁时刚拍第一部戏《毕业生》，从此改变了我的生活。而你29岁时已是拍了七部戏的中国知名男演员。"姜文微微一笑，说："这不算什么，我们中国优秀的青年演员多了，我只是其中极普通的一个。"霍夫曼又说："我过去一直不了解中国，但如果中国人是你这样的，我开始改变对中国的印象。"

一位美国朋友问道："姜文先生，您总是说一些美国人不懂的事，总是逗我们笑，你的自尊、坦诚和幽默，是对中国最好的宣传。"

姜文说："中国人无论到哪儿，都洗不掉这张中国人的脸，改变不了自己的黄皮肤黑眼睛。当一个中国人把自己当成美国人时，美国人会很明白地告诉他：'你是中国人。'当他觍着脸享用美国人创造出的财富时，他却没有了主人的自尊感。"

李默然看了 1992 年 9 月 2 日《文汇电影时报》上对姜文这一举动的长篇报道，他非常赞赏。

他说："我和姜文不熟悉，只在晚会上见过几次，但我很想见见他，愿意和他结成忘年交。因为从文中我看到一个形象，一个当今演艺界难得的具有中华民族自尊、自豪感的可敬可爱的形象。如果我们大家把思想、精力都像姜文同志那样，用在中华民族的电影事业、文艺事业上，在世界范围内分个高低上下，那该多好哇。"

姜文的回应是"我是看《甲午风云》长大的"，表达了对这位前辈的尊重。

对青年演员的无视国家、民族感情的行为，李默然也一向痛心疾首，并且公开发表讲话，进行严厉的批评。

2001 年，《时装》杂志第 9 期登了青年演员赵薇的一张照片。在这张照片上，她的服装图案酷似日本军旗。一时间，全国舆论哗然。

12 月 22 日，李默然应邀赴大连参加辽宁省知名演员读书班开学典礼。

在讲话中，他痛心地说："作为一个老演员，我为这个事件感到汗颜和震怒。我们的演员，现在不但需要艺术上的充电，还需要在如何做人上充电。她应该做深刻检讨，她必须道歉！我很替这个女孩子担忧，因为她毕竟年轻，在很多方面并不成熟。这就要看她自己怎样把握自己了。"

2008 年 8 月 24 日，北京奥运会闭幕。

李默然兴奋地说："我得病时就问过医生，我还能不能看到 2008 年北京奥运会。医生说能。我当时高兴极了。我等了整整 5 年哪。我曾经是个在日本侵略者统治下的亡国奴，我最愿看到的，就是我们当代中国强大的力量。在这 16 天里，我亲眼见证了中国成长为世界体育强国的过程。中国人民顶住了天灾人祸带来的巨大压力，成功地举办了这届奥运会。这对于华夏儿女来说，是有里程碑意义的。是一次令国人骄傲、令后人难以忘怀的历史性盛会。国际奥委会主席罗格使用了'无与伦比'这个词来概括本届奥运会，不仅极大地鼓舞了中国人民，也为今后奥运会应当怎么办提供了一个很有意义的参照系。"

2009 年 9 月 30 日晚，中央电视台播出庆祝中华人民共和国成立 60 周年特别节目《影响中国》，李默然率先在节目中讲述的主题是"爱国"。

他说："我的童年时代，是在日寇的铁蹄下度过的。为生活所迫，我曾去贩卖烟卷儿，我遭到过日本人的毒打。这种痛苦的记忆让我对于国家，对于民族有着浓烈的感情。在我心中，'爱国'不仅仅是一句口号、一个概念，更是贯穿于血脉的原动力。大家都知道我演过《甲午风云》中的邓世昌，这是一个民族英雄，是抗击日寇的民族英雄。当我接触到这个剧本的时候，我和邓世昌对待敌寇的这种仇恨是一致的。当我创造这个角色的时候，田汉先生的《义勇军进行曲》给了我极大的动力。《甲午风云》最后一个场面，准备撞沉"吉野号"的时候，我的耳边曾经响起过'冒着敌人的炮火前进！前进！前进！进！'的激昂乐曲。所以，我对田汉先生有着另外一种情感上的怀念，对他的民族气节、爱国情怀，有着一种非常高的崇敬。"

李默然对祖国的赤胆忠心，由此可见。

李默然对人民的爱，也是同样的深沉。

在辽宁人民艺术剧院工作了 50 多年，李默然与那里的同事情同手足。无论是当普通演员，还是成为院长后，他一直是大家的兄长、兄弟，从不恃才傲物。

他说："在单位里边，炊事班的炊事员、烧锅炉的锅炉工、司机班的司机跟我都是好朋友，见了面没人把我当院长看，当大演员看，都是一口一个'默然'，他们叫着很顺口，我听着很顺耳。"

1963 年，曾经和他配戏的演员魏华门病重，李默然很难过。

辽宁人民艺术剧院院长洛汀听人说，上海广慈医院的董方中教授专门治这个病，他就想请董教授来沈阳，为魏华门治病。洛汀担心请不动，就找到因为主演《甲午风云》而红遍全国的李默然，对他说："默然，你去吧，现在你最有名，观众们认你，你有说服力。"李默然说："院长，我现在就去。"他去看望魏华门，对他说："老魏，你等着我，我这就给你搬救兵去。"果然，3 天之后，李默然陪着董教授飞回了沈阳，董教授和外国专家一起，在沈阳的医院对魏华门进行了抢救。

1979年11月18日，辽宁人民艺术剧院《报春花》剧组被调进京演出。首都的广大观众如同欢度节日，123场，场场爆满。

连续演出造成的疲劳，导致李默然的冠心病发作。那天一个趔趄，他差点摔倒在舞台上。与他演对手戏的青年演员周红悄悄问他："老师，能行吗？"李默然捂着胸口，小声说："没事，咱们接着演。"但是，他演不下去了。

◎ 李默然和话剧《报春花》女主角扮演者合影

关于这个细节，《报春花》女主演周红的回忆特别真切——"我饰演的纺织女工白洁家庭出身不好，但是做到了 5 万米无疵布。默然老师饰演的厂长李健决定树立这个典型。李健的女儿反对他这样做，和他大吵了一架离开了家，白洁到厂长家看望厂长，请求厂长不要为了她伤害到自己的家庭。

"那一天，演出进行到这里，默然老师突然手捂胸口，慢慢地、痛苦地弯下了腰，我感觉不对，冲到默然老师身边，用手托住了他。这时候，观众还以为是剧情发展的需要，仍然聚精会神地看戏。此时的默然老师全身的重量都倚靠在我的胳膊上，我明白这绝对不是表演处理，是默然老师发病了。我扶着他慢慢倒在舞台的台阶上。

"我赶紧示意后台拉上大幕。大幕拉上，我们把默然老师抬到了后台，等着医生的到来。舞台监督马上去向观众解释，他说：'李默然同志因为身体原因，需要休息一下，请大家原谅。'观众席静静的，没有一丝声音，大家的心都悬了起来。

"慢慢地，默然老师醒了过来，他深深地呼出一口气，睁开了双眼。后台的所有演职人员都松了一口气，大部分人都说，应该停止演出，马上送默然老师去医院。默然老师微微摇了摇头，轻声地说：'马上恢复演出。'大家都小声地劝默然老师，'别演了，身体要紧。'默然老师抬起身，长长舒了一口气说：'观众还在等着，

上台，接着刚才的演。'

"我搀扶着默然老师往舞台上走，眼泪止不住地流。默然老师低声说：'别哭，我没事。'声音那么微弱，身体还是那么沉重，他是硬撑着又回到舞台上的。"

大幕重新拉开，观众全体起立，报以雷鸣般的掌声，向李默然致敬，感谢他用生命为大家演出。

舞台两侧，也站满了剧组的演职人员，大家关心着李默然的身体，更敬佩他这种对观众、对艺术的责任感和奉献精神。

那场戏下来之后，李默然住了几天医院，出院后继续上台演出。

医生告诫他："一定要注意了，你可是老冠心病。记住，你不能劳累，不能熬夜，不能激动。"李默然听了，笑道："谢谢你，可是，我们做演员的，这三条连一条也做不到哇！现在观众手捏着票等着我呢，我不能让他们失望。我还是要回到舞台上啊……"

1984 年，李默然随电影《花园街五号》剧组到各地与观众见面。

到达河北邯郸矿区演出的时候，由于长途跋涉，李默然的身体发出了警报信号。他感觉心脏不舒服，剧组里的人也都看他脸色不好。可是，矿工的掌声太热烈了，那一双双粗大的手掌拍得让人不能自已，他们一遍一遍地喊着"邓大人""邓大人"，呼声就像澎湃的浪潮一样。

在后台，李默然热泪盈眶，他捂着胸口，像邓世昌当年要上奏折一样坚定——"上！"

著名演员庞学勤和编剧李玲修等人都替他担心，在日夜两场中，他们建议只让李默然上一场。李默然听了，表示不同意。矿上领导说："您身体不好，上台露个面就行。"导演姜树森说："李老师，您只露面吧，不演节目了。"李默然摇摇头，他说："那不行。你们听外面的掌声，我不能辜负矿工兄弟们的心！"

李默然在掌声中走上台。

他当时的状况，已没有能力朗诵长诗了，于是，他又念了艾青那首短诗《我爱这土地》——

假如我是一只鸟，

我也应该用嘶哑的喉咙歌唱：

这被暴风雨所打击着的土地，

这永远汹涌着我们的悲愤的河流，

这无止息地吹刮着的激怒的风，

和那来自林间的无比温柔的黎明……

——然后我死了，

连羽毛也腐烂在土地里面。

为什么我的眼里常含泪水？

因为我对这土地爱得深沉……

李玲修在观众海啸般的掌声中，激动得捂着脸哭了起来。

《花园街五号》在某地公映，李默然在街上看到电影发行公司的广告：《花园街五号》编导、演员来本市与观众见面，在放映《花园街五号》前，有摄制组明星们的精彩节目……下面标着票价和首映式地点。

李默然生气了。

他直接找到长影宣传发行处，对处长大发雷霆："请你们把海报给揭下来，把钱退给观众。不然的话，我就拒绝演出。"处长听后愣住了。李默然进一步解释道："咱们这些小节目是临时凑起来的，是咱们与观众见面的形式，根本就不够售票标准，让观众花钱看这样的节目，这不是欺骗吗？"

大家这才听明白他的意思，几经商量，决定加演一部新片，这样，加上原定要放映的《花园街五号》正好符合票价款数，而小节目就成了义务奉献。

听了这个决定，李默然才高兴起来。

在《花园街五号》参加各地首映式时，李默然对编剧李玲修说："大家都演节目，我肯定也跑不了。怎么办呢？你给我写几句诗吧，就写咱们演员与观众的关系，就是仆人与主人的关系，表达我们的感情。"

李玲修理解前辈的心情，马上说："我试试吧，李老师。"这句话说完，编剧李玲修就把自己转换成诗人

李玲修，进入了角色。

次日凌晨4时，诗歌《观众，我们心中的星》孕育成功。李玲修来到写字桌前，轻轻打开心扉，放那一串串珍珠飞流出来。天亮了，诗的珠子也全部落在稿纸上，整齐地站成一个方阵，准备接受"邓大人"检阅。

早饭后，大家乘车出发。李玲修把诗稿递给李默然，小声说："您看行不行，诗味不浓，也没有亮句子，但感情是有的……"李默然接过来，边看边点头赞许，并开始默记。

晚上，李默然盛装登台，朗诵了长诗《观众，我们心中的星》：

也许我说不出

你的姓名，

也许我从未见过

你的面孔，

然而今天

在银幕前相逢，

陌生感

顿时无影无踪！

我们，有的在银幕上度过了大半生，

有的，还是

刚刚起飞的雏凤……

但是，站在你们的面前，

心儿，跳得一样猛！

是怯场，还是喜悦？

是羞愧，还是激荡？

说不清……

就像一个小学生，

见到了他久仰的师长；

就像刚比赛完的运动员，

站在最权威的裁判面前；

就像一个战士，

将要聆听指挥员的讲评；

就像一个游子，

回到朝思暮想的故人之中……

有时真苦哇，

有时真愁哇，

有时真累呀，

有时真急呀，

然而想到你们，我们的观众，

顿时精神抖擞热血沸腾，

情愿爬冰卧雪流血牺牲！

……

谁说我们是银幕上的星，

观众，才是我们心中的星！

……

谁说我们是银幕上的主人，

观众才是我们心中的主宰。

你们的每一句赞许，

都是对我们最高的奖赏；

你们的每一句批评，

都会使我们心跳脸红；

你们的善意嘲讽，

会使我们辗转失眠苦苦思索；

你们的热切期待，

会使我们忘掉疾病、痛苦、不幸，

去忘我攀登！

……

李玲修站在侧幕，正好看见李默然的侧身。她发现李默然念到感情的高潮之处，后颈在颤动，手也在抖。想到他患有冠心病、高血压，竟还如此全身心投入朗诵这首小诗，她眼睛发湿，心说："这就是德艺双馨的大艺术家呀！"

这首诗，后来成为李默然朗诵作品中的保留篇章。

无论是在云南省彝良县，还是在河北的工厂、矿区，观众都热烈地欢迎李默然的剧组。

在河北，李默然他们刚一下火车，当地的党政领导便亲自来迎接。群众放鞭炮、鸣鼓乐，就像欢迎哪个国家的元首一样隆重。有的观众自己没带笔记本，赶忙从别人的笔记本上撕下一页，请他们签名留念……李默然说："观众为什么如此由衷地热烈欢迎我们？作为演员，我们手中没有权，一不能给他们涨工资，二不能给他们解决住房问题。他们无非是希望我们多拍出好片子来。为此，《花园街五号》的编剧李玲修写的诗《观众，我们心中的星》，在每次和观众见面时，我都以极大的热情去朗诵。尽管我年纪大了，又患有冠心病，每朗诵一次，都要出身透汗，有些声嘶力竭，但心情却是激动的愉快的。"

李默然说："作为一个演员，不但要在银幕上给观众表演，还应深入基层，通过各种方式直接听听观众的意见，向观众学习，在心灵上和观众沟通。这对提高演员的思想水平和表演艺术水平都是有好处的。我们只不过做了自己应做的一点工作，观众对我们就这么敬重，给了我们这么多荣誉，这是对我们的鞭策和鼓励。莎士比亚有句名言'无瑕的荣誉是世界上最纯粹的珍珠'。我不是什么家、什么明星，观众才是我们心中永远发光的星。"

1996 年 7 月 28 日，是唐山地震 20 周年。唐山市委、市政府举办纪念唐山抗震 20 周年"凤凰颂"大型文艺演出。

那是唐山有史以来规模最大的一场演出。

河北省音乐家协会副主席、著名作家郝立轩作为总撰稿，写出了长诗《自豪吧，唐山人》。

7 月，正是唐山最热的季节。排练现场没有空调，想凉快一会儿，只能靠走廊里那点凉气了。唐山演员担纲《自豪吧，唐山人》的朗诵，但总是达不到预期效果。这时，有人提出请李默然先生。众人听了，很是惊诧，这么热的天不说，外请演员除了给点演出补助，连出场费都没有，人家李默然那么大的艺术家能来吗？

编导组负责人诚惶诚恐地给李默然打了电话，说出了请求，李默然回答说："行，我去！啥出场费不出场费的。我对唐山有特殊感情，大地震的时候，我去慰问演出过！我只有一个条件，我要带上老伴。"

距离正式演出还有一周的时间，李默然先生携夫人龙潮来到了唐山。这个时候，郝立轩才知道李默然的心脏病一直时好时坏，让老伴来是为了照顾他的起居，他不愿给唐山主办方添麻烦。

那年，他已经 69 岁。

为了照顾好李默然，组委会特别委托郝立轩负责他的生活照料和演出安排。

郝立轩见到李默然，恭恭敬敬地说："我给您安排最好的宾馆。"李默然说："不用，我的生活很简单，外请演员住在哪里，我就住在哪里，这样便于相互联系，也不影响正常排练。"郝立轩想了想，又说："这样吧，要个单间吃饭，免得被人打扰。您走到哪里，哪里就人满为患，找合影的、找签字的，人太多了。"李默然听了，连连说："这个决定好，不是我见不得人，是因为跟年轻人一起吃饭，大家受拘束。我吃饭快，吃完就可以回屋睡会儿觉，免得让大家扫兴！"

提前一周请李默然过来，就是想让郝立轩陪同他到几处文化旅游景点转一转。可是没想到，除了晚上去唐山抗震纪念碑和地震遗址转了一圈之外，安排好的另外几个景点，李默然一个也没去。

他对郝立轩说："看不看地震遗址，看不看地震纪念碑效果真的不一样，听你讲一讲震中的人和事，我找到感觉了。"

按照演出要求，外请演员最后三天才参加合练。考虑到李默然的身体状况，编导组提出让他只跟两场合练就行了。当郝立轩向他说明情况后，他立马就急了，说："我有什么了不起的，大家怎么排练，我就怎么排练，演员就是演出的，不演出叫什么演员？！"说到这里，李默然拎起装满服装的皮箱直奔演出现场。

李默然的到来，激起演员们好一阵掌声与喝彩。事后，有人听说他已身患癌症，感动得流下了眼泪。

接下来的每场演出，郝立轩都捏着一把汗，生怕李默然坚持不下来。凡有演出的时候，李默然总是提前去候场，他坐在墙角一句话也不说，那神情就像一个饱经沧桑而又疲惫不堪的老人。其实，这是他数十年养成的"默戏"的习惯。

提到这个习惯，还有一个小故事。

李默然在给青年演员讲课时，多次强调这样一个观点："一个演员进了化装室，从化装开始就是这个人物了，不能再进行任何角色之外的言谈举止。"他化装以后从来不跟别人说笑，也从来不谈戏以外的事情。

　　每次彩排，演出前的 40 分钟，他都要一个人独坐于后台，手拿一杯水陷入深思，不许任何人打扰。这时，他已沉浸在角色的世界里，他在调动角色的全部感觉和记忆。他在"默戏"。

　　1993 年 11 月 18 日至 26 日，《夕照》在中国青艺小剧场公演。

　　在开演之前，像以往一样，李默然端着一杯开水，静静地坐在一个角落里，沉浸在人物的灵魂中，开始他的"默戏"。就在这时，一位领导进剧场来看戏了。

　　这位领导和李默然的关系非常好，所以特地来到后台看望他。他对李默然的长子李龙吟说："我见见你父亲。"李龙吟说："这可能不行，他在'默戏'。"领导说："就说两句话，表示问候。"李龙吟只好走到后台，对父亲说："首长来了，要和你说句话。"

　　李默然闭着眼睛，皱着眉，摇了摇头。

　　李龙吟只好悄悄退了出来。他抱歉地对那位领导说："真是对不起，他'默戏'谁也不见哪。"

　　那位领导听了，连连说："是这样，我知道了。"

　　李默然不愿意给观众留下哪怕一次游离于角色之外

的印象。他的心中有一个信条，那就是"戏比天大"。他曾把这"戏比天大"写成书法，制成匾额，悬挂在辽宁人民艺术剧院的门口，以此来和同志们共勉。

不管他在后台如何沉默，只要他一走上舞台，那神情立刻就像换了一个人，精神矍铄、声如洪钟。

《自豪吧，唐山人》是一首6分钟的朗诵诗。在朗诵中，有好几处都被掌声打断，但李默然却能恰如其分地把握住演出的节奏，在观众的掌声与情绪中，他的表演一步一步稳健地向前行进。

郝立轩特别心疼老人，他有点后悔自己的诗写长了。每当李默然走下舞台，他演出服的背面早就湿透，累得一句话也不愿多说，但总忘不了问这样一句话："我没有忘词吧？"郝立轩说："不仅没忘词，还一次比一次感人……"李默然听了，就会抿抿嘴唇，长出一口气，笑眯眯地走开……

上海电影制片厂的同行，至今仍然记得与李默然合作的感人细节。导演徐伟杰生前就多次念叨下面的故事。

1980年，在徐伟杰执导的电影《检察官》中，有一段回忆的戏，是1966年至1976年这一时期，李默然扮演的徐力被造反派殴打。当时，有一个叫张华的年轻人救了他，要他踩在肩上，从墙头翻过去逃走。考虑到李默然年纪大了，身体不好，导演开始想找替身代替李默然挨打和翻墙逃走。可李默然坚持要自己演。开机后，扮演造反派的演员不敢下手，打得不真实。李默然不高兴了，他说："你们就这么打人？打得不真实，怎么能表现出当时造反派的残忍？我的反应也不真实。重打！"结果实拍时，真的打得李默然满地打滚儿。

后来在拍摄徐力翻墙时，扮演张华的上海青年演员王伟平有些不敢扛起李默然，李默然鼓励他说："来呀！用力呀！真要扛了！要不我怎么逃走？"

这段戏拍完后，在场的许多工作人员都感动得哭了。

1998年12月，李默然当选中国戏剧家协会主席。为了工作方便，中国文联准备为他在景山公园东侧的沙滩安排一套三室一厅的住房。李默然听后，说："不用了，剧协机关的同志们住房紧张，分给他们吧。沈阳离北京不算远，有事我就过来，时间长了，我就住北京的儿子家里。"那套房子，当时就值上百万，现在将近千万。

如果没有对人民深沉的爱，是做不到这一点的。

李默然担任中国戏剧家协会主席以后，以他惯有的担当精神作了很多贡献。

在他上任前，中国戏剧节已经办了5届，都是在几个经济发达的大城市举办的。

李默然觉得，既然叫中国戏剧节，那么，还是各个地区都要举办，以促进戏剧全面发展。

从李默然上任以后，每届戏剧节的主办单位都是由他亲自去联系。他一出面，就一定成功。

他说:"全国戏剧事业的发展要均衡,不能总是北、上、广。"这是作为戏剧家协会主席的格局。

李默然在戏剧发展上,特别注重民族大团结的问题。在调研中,他发现少数民族戏剧,尤其戏曲相对比较弱。

上任不久,他带领一个中国剧协的调查小组,到宁夏回族自治区调研考察。在这次活动中,发现了银川市的一个叫柳萍的秦腔演员。

柳萍当时的演出因为准备不充分,发挥得一般。李默然说:"这个演员有潜力,要培养她。宁夏到现在还没有一个梅花奖,一定要想办法支持他们。"

2001年5月,在申评梅花奖专场演出现场,银川市秦腔剧团创作的折子戏《武松杀嫂》《月下来迟》引起掌声阵阵。柳萍凭借在戏中高难度、高水准的表演,打动了专程前来观评的中国剧协主席李默然及梅花奖评委。2002年4月,柳萍获第十九届中国戏剧梅花奖。

经过这一次强有力地助推,又经过10多年的舞台打磨,柳萍的表演艺术不断飞跃。2013年5月,在第二十六届中国戏剧梅花奖大赛上,在秦腔《花儿声声》中,她的潜质充分发挥出来了,表演大放异彩。她因此获得了"二度梅"。到了这时候,她已经是成熟的表演艺术家了。而银川乃至宁夏的戏剧也因为她主演的《花儿声声》《狗儿爷涅槃》《王贵与李香香》《庄妃与多尔衮》而火爆起来。

《中国戏剧》原主编姜志涛说："柳萍的成长与高速发展，是与当初默然老师的推一把有直接关系的。默然老师同时也助推了宁夏戏剧。他老人家对戏剧的关心是全局性的，是全方位的。"

李默然对理论的研究特别重视。2002年第12期《中国戏剧》杂志上发表了著名剧作家魏明伦的文章《当代戏剧之命运》，他在文章中说："当代的中国戏剧台上很热闹，台下很冷清。剧场艺术已经让位了，让位给广场艺术了。"他很悲观地担心戏剧时代过去了。

文章发表后，引起广大读者的热议。大家纷纷给编辑部来信或打电话。于是，《中国戏剧》杂志社就在2003年第1期上开了一个专栏，就魏明伦提出的问题展开全方位的讨论，谈当前戏剧的现状、未来的方向以及如何引领等。

《中国戏剧》是中国戏剧家协会主办的杂志，李默然每期都要看。这个关于"当代戏剧之命运"的讨论引起了他的高度关注。在看过第一期杂志上的讨论之后，他立即给主编姜志涛打电话。

"志涛，这个讨论非常好，希望能引起戏剧界有识之士的关注，大家各抒己见。文章我都看了，我看到了人们的真知灼见。"

"谢谢李老师，我们一定把这场讨论搞好。"

此后，李默然每读完一期，都要给姜志涛打电话，叮嘱从哪个方向引领，还应该发表什么样的文章，组织哪些人来写。谈得都很具体很细致。

讨论结束后，杂志社将文章集结成了一本书，名字叫《叩问戏剧命运》。李默然读后，评价说："非常好，这是一个成果，有理论功底，又有实践经验，对当下的戏剧发展有指导意义。"

按理说，他那么忙，而且还在沈阳，又不是在北京，没有时间和精力来事无巨细地关注这个讨论，一次又一次打长途电话谈这个讨论的事。但他心里头惦记着戏剧理论的发展，惦记着戏剧事业的发展，他是真把中国戏剧当成了自己的生命，这根弦一直绷得紧紧的。

李默然在中国戏剧家协会主席的位置上工作了8年。

他用深刻的思想和卓越的领导能力，带领全国戏剧工作者把中国戏剧的发展推向崭新的高度。这期间，他通过举办中国戏剧节、全国小剧场戏剧展演、各种戏剧论坛，开展国际戏剧交流，举办曹禺戏剧文学奖和中国戏剧梅花奖评选以及一系列的人才培训活动，把全国戏剧工作开展得有声有色，这是他在封箱走上领导岗位以后，为中国戏剧发展作出的重要贡献。

在艺术创作上，李默然心里一直装着人民。

他始终认为，话剧应该多反映现实生活，特别是反映工人、农民的生活。

1999年《父亲》的剧本写完后，辽宁人民艺术剧院院长宋国锋拿给李默然看。当时大家都觉得这个反映下岗职工自强不息精神的题材非常好。

这年的中央电视台元宵晚会，李默然应邀参加，正好坐在朱镕基总理身边。

在节目的空档时间，朱总理问李默然正在忙什么。他回答说："我们辽宁人民艺术剧院正在创作一部反映下岗工人自强不息的剧目，叫《父亲》……"接着，他简要向朱总理介绍了这个剧的内容。朱镕基听完后，非常高兴，说："一定要把这部戏排好，中国工人不自强，我这个总理没法当……"

一听总理这样表态，李默然马上不失时机地说："这部戏想作为新中国成立50周年献礼的剧目，到时您能不能来看？"朱镕基总理说："我一定要看！"

李默然从北京回来，兴奋地向大家传达了朱总理的讲话。全院上下备受鼓舞，为了磨出最好的剧本，大家反复修改，每改一稿，李默然都认真审阅。这个戏到演出时，共改了十二三稿。

后来，《父亲》进京献礼，朱总理一诺千金，如约前来看戏，并在观看过程中几次落泪。演出结束后，他上台接见演员时，讲了20多分钟的话，反复说："终于看到了一出想看的好戏。"

◎ 话剧《父亲》剧照

2000 年初冬，当第二届中国上海艺术节演出进入高潮时，李默然和辽宁人民艺术剧院《父亲》剧组一行来到上海。在新闻发布会上，李默然强调，辽宁人民艺术剧院多年来一直坚持现实主义的艺术创作道路，坚持演工农业战线上的英雄和平凡人物，揭示他们身上的闪光点与内心的困惑。荣获中国戏剧节金奖的话剧《父亲》，就是这样一部贴近百姓生活的现实主义力作。

《父亲》在中国航天沈阳黎明航空发动机有限责任公司演出时，观众反映强烈，纷纷要求加演。

工人们说，写我们工人的戏，写得这么好，真让我们感动。

《父亲》在南京艺术节中演出后，观众久久不愿退场。一个青年女观众直率地对李默然说："李老师，我要提个意见，这么好的节目，为什么不多演两场？演哪，让人们看看我们工人阶级。"李默然说："接受您的意见，我们加演两场。"于是，他们真的就加演了两场。

2007 年，是中国话剧走过百年的日子。辽宁人民艺术剧院先以表现工人阶级艰苦创业的《父亲》《凌河影人》两部戏，拉开了纪念中国话剧百年的帷幕。随后，同样题材的《矸子山上的男人女人》在北京又一次引起轰动。一所剧院三部戏连续三个年度入选国家舞台艺术精品工程十大精品剧目，这在全国是绝无仅有的。

在全国话剧不景气的情况下能取得如此成就，走出戏外的李默然功不可没。只要他认为"这个戏题材好，写人民，写伟大的工人阶级的"，都要抓住不放。

终其一生，李默然对祖国对人民的感情始终如一，他那颗心与 1947 年参加革命时的初心一样，一点也没有改变。

一个又一个生动感人的故事，表现了这位大艺术家与青少年之间的深情厚谊，共产党人不忘初心的精神境界、高尚品德在他身上表现得尤为明显。

探索成长之路，解读智慧人生，
本章内容，扫码收听。

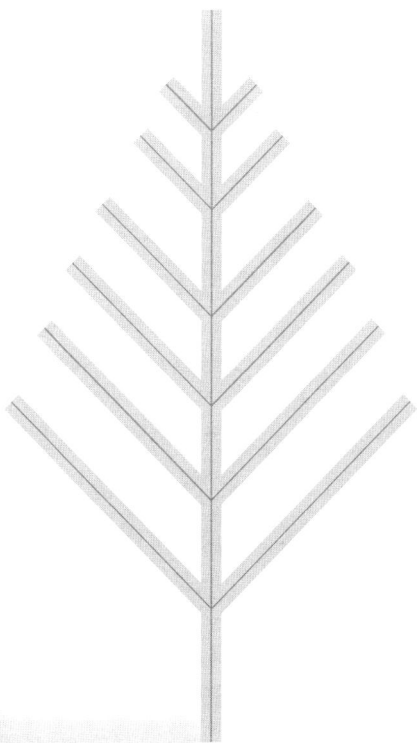

第十五章

他是青少年的良师益友，
也是举贤荐能的伯乐

在人们的印象中，李默然先生就是一座高山、一棵大树。坐在他身边，与他对话，能充分感受到那份雄浑、那份苍劲。

特别吸引人的，是他那深邃的目光。这目光里有好多内容，除了对祖国对人民的无限热爱之外，更有对青少年的喜爱与关心。

有个复印社，老板叫赵锦安，小时候在沈阳皇寺广场一带居住。他讲了一件和李默然之间发生的趣事，令人感动。

1963年盛夏的一天，8岁的赵锦安和同学正在皇寺广场跑着玩。忽然，从北道口那边开过来一辆伏尔加轿车，车刚过铁道口，速度有点慢。赵锦安在车的后排座上看到了一张熟悉的面孔。"这不是电影里的邓世昌吗？"那时，他刚刚看完《甲午风云》，就是在身后不远的群众电影院里看的，学校包场看一遍，他又跟爸妈要钱看了第二遍，他太喜欢这个电影了。

看到李默然，赵锦安喜出望外。他冲着车大喊："邓世昌！邓世昌！"他的同学也看到了，大家都不让他喊，说这样不礼貌。他不管，接着喊，只是这回他改变了称呼，以表示自己懂礼貌："邓大人！邓大人！"

车在他面前停了下来。

李默然摇下车窗，冲赵锦安摆摆手，微笑着说："你好，小朋友！""邓大人好！我长大了要当海军，你同意吗？"李默然笑着回答："我同意，但你自己要有好的身体好的学习成绩……""嗯，我懂了……"

亲切的对话结束，车，慢慢开走了。

赵锦安现在讲起来，依然感叹："李老师太谦虚了，那么大的明星，没有因为我是小孩而不理我。我那时所以大声喊，就是怕车开快了，我看不到他。没有想到，他的车还停了下来，还跟我打招呼，问我好……"

20 世纪 80 年代初的一天，李默然在大连的海滩上散步。一群嘻嘻哈哈的中学生发现了他，他们先是愣住了，然后齐刷刷半跪，异口同声地说："给邓大人请安！"李默然十分意外，他感动地把孩子们一一扶起来，对他们说："孩子们，你们要好好学习，长大了才有本事为国家作贡献。爱国不是一句口号，而是一种能力。"

孩子们听了，特别高兴，纷纷模仿他在《甲午风云》中的台词："开足马力，撞沉'吉野'！"李默然含笑看着他们，目光里充满喜爱。

有一年夏天，李默然随文艺界一个慰问团来到沿海某海军基地，海军官兵列队欢迎他们。

欢迎仪式结束后，忽然，一名年轻的战士从队列里跑了出来，向李默然敬了个军礼，然后双手捧着一顶海军帽戴到他的头上，对他说："邓大人，我崇拜您！如果将来有了海战，我要像您一样奋勇杀敌！"说罢，又陪着他走了好长一段路。

李默然拿着那顶海军帽，内心非常激动，他觉得这件礼物太珍贵了。回到驻地，他才听说，这顶海军帽是那名战士自己作主送他的。每名战士只有一顶帽子，送给了他，这名战士只好光着头了，列队出操会影响军容。连排干部看了，心里着急，又不知如何是好。

李默然赶紧让人把帽子送还给那名战士。当天晚上，部队首长决定，将这顶海军帽正式赠送给这位铁骨铮铮的"海军将领"，同时另外给那名战士发了一顶海军帽。

这件事让李默然特别感慨。回到家里，他对老伴龙潮说："你看，青年们是多么可爱呀！我们应该无条件地爱他们、帮助他们。"

直到今天，那顶海军帽仍然放在李默然家客厅最显眼的位置。

1980 年夏天，李默然来到云南的前线医院，看望在对越自卫作战中受伤的英雄战士。这些战士，最大的 22 岁，最小的才 18 岁。他们有的被截肢，有的双目失明，有的全身 30% 的三度烧伤……

李默然对编剧李玲修说："小李，给伤病员们写首短诗吧，明天我给他们朗诵。我不能白来呀。"军人出身的李玲修本来就对战士有深厚感情，现在听李默然这么说，她当即答应下来。

第二天早上，她就把写好的八句短诗交给了李默然。

李默然走到一边开始背诗，有人对他说："李老师，别背了，您照着念一样的。"他摇了摇头，说："我那样做，对不起英雄们。"

演出开始了，在热烈的掌声中，李默然站了起来。

他含着热泪，为战士们朗诵了编剧李玲修为英雄们写的诗："高高的木棉树为什么这么火红？是英雄的青春热血染成。南疆为什么不可逾越？是英雄们筑成了铁的长城……"

战士们听了，热泪盈眶。

李默然没有把"李派"话剧艺术据为个人私产，而是本着一位大艺术家的品德，将它无私地传承给青年们，他希望更多的青年演员成长起来。

著名表演艺术家吕晓禾，曾获第 5 届中国电影金鸡奖最佳男主角奖、第 8 届大众电影百花奖最佳男主角奖。

吕晓禾 1960 年进入沈阳市话剧团学习班。毕业的时候，他站在舞台上把自己变成了邓世昌——"弟兄们！此次天津请战，我邓世昌辜负了大家的嘱托。明日中堂要亲临威海检阅北洋水师，我邓世昌纵冒杀头之罪，也要再次向中堂请战！"

台下，老师和同学们给他热烈鼓掌。

结果，他因为模仿这段台词而顺利考入沈阳话剧团。

登上话剧舞台后，吕晓禾成功地塑造了一系列个性鲜明的艺术形象。李默然虽为辽宁人民艺术剧院院长，但他一向关心全国的话剧发展。看到沈阳话剧团出现这样一位优秀的演员，他是由衷地高兴。

1983 年，大导演谢晋拍摄电影《高山下的花环》，他派出了 3 位副导演到全国各地寻找主人公"梁三喜"的扮演者，一直找到沈阳，也没有找到合适的。李默然对谢晋说，沈阳话剧团有个吕晓禾不错，演技扎实，你不妨一试。谢晋当即约见了吕晓禾，他一眼就仿佛看到了"梁三喜"。

这部《高山下的花环》把吕晓禾推上"百花奖"影帝的宝座。然而对李默然的积极推荐，他却全然不知。李默然也从来不说，对外不说，对他也不说。

后来，吕晓禾从谢晋那里得知以后，内心非常感动。他常说："默然老师对我有知遇之恩，他对我们青年真的是太关心了。默然先生让我记住了，作为一名出色的演员，要有丰富的生活底蕴。给我印象最深的教诲，就是他说的'主演加运气等于明星，生活加演技等于艺术家'。这句话我至今难忘。"

◎ 李默然与谢晋畅谈

　　李默然慧眼识人才，对青年人，他一旦发现是人才，就会想尽办法帮助其成才。

　　王丽云，1955 年出生在沈阳市，国家一级演员。然而，如果没有李默然这位伯乐，她现在可能是沈阳城里一位普通的退休铁路工人。

　　1974 年，李默然等一批老演员接受了参演独幕话剧《为革命修路》的任务。这是写铁路工人生活、工作的戏。

　　李默然在其中演一位老工人。当时，一个省里的造反派头头审查了他们的演出之后，大发雷霆，质问工宣队、军宣队和有关人员："怎么还能让这些人登台演戏呢？换掉！全换成工人业余演员来演。"一声令下，这些专业演员全部被拿下。

令人啼笑皆非的是，他们这些"不能演戏的人"，却要在工宣队、军宣队的领导下，负责到铁路和各个部门去选业余工人演员。这个任务比演戏还难。因为你要表态，选对了没得说，选得不对又是一个"大罪"。因此，开头看工人演戏时，谁也不说话，不敢表态，工宣队、军宣队的人员十分不满，严厉训斥了他们。

李默然是个有话憋不住的人，特别是看到有潜质不错的业余演员，总想积极推荐，建议把他们吸收到辽宁人民艺术剧院来搞专业。

王丽云当时是沈阳铁路车辆段的青年职工，李默然与她素不相识。但看了她的表演，觉得她很有灵性。

见到了生活中的王丽云，高挑的身材，清秀的脸庞，大大的眼睛和清亮的嗓音……李默然就觉得这是个好苗子。

几经思索，在一次谈论人选的会议上，李默然大胆地提出："请小王同志出演《为革命修路》中的女技术员刘红娟。"他的话一出口，参加会议的6位辽宁人民艺术剧院的专业演员一致赞成。而工宣队、军宣队的领导却不表态，这是李默然预料到的，这些人要向上级请示。

终于，在得到了上级的批准后，王丽云便和其他几名工人业余演员一起到辽宁人民艺术剧院报到了。

王丽云到剧组参加排练演出后，特别是到北京参加文艺会演后，反响很好。李默然趁机向工宣队、军宣队提出建议，正式调王丽云到辽宁人民艺术剧院从事专业工作。但他事先并未和王丽云说过这事，人家是否愿意他还真不知道。

就在工宣队、军宣队研究请示期间，李默然听到消息，王丽云被解放军总后勤部文艺宣传队吸收参军了。

据说是总后宣传队话剧队的领导在京看了王丽云演的《为革命修路》，一眼看中她，便以最快的速度将她调入了宣传队。李默然听说后，既为王丽云祝福，又为辽宁人民艺术剧院感到遗憾。

王丽云参军后，当然是以"为兵服务"为主，很少在社会上演出，李默然不知道她的任何消息。又过了一年多时间，传闻王丽云进入了总政话剧团。李默然为她高兴，因为总政话剧团是军旅话剧的重要阵地，人才济济，对她的发展肯定大有益处。

1993 年，王丽云荣获第十届中国戏剧梅花奖。听到这个消息时，李默然从心里为她高兴，事实证明，当年对她的选拔是对的。

1997 年，李默然为王丽云颁发第三届中国话剧金狮奖，两个人这才算重逢。回想起当年情景，王丽云叫了一声"恩师"，禁不住热泪涟涟。

2003 年，辽宁人民艺术剧院的话剧《父亲》向当年"国家舞台艺术精品工程十大精品剧目"发起冲刺，几经排练，导演决定要换几个演员，其中包括饰演母亲的演员。经过多方考虑，权衡全国的适龄女演员，李默然向剧组建议借总政话剧团的王丽云。

对李默然的这一建议，总政话剧团团长孟冰大力支持，很快王丽云赶到了辽宁人民艺术剧院。她对辽宁的媒体记者说："我推掉了电视剧的拍摄，来到辽宁人民艺术剧院，我是来报恩的，报辽宁人民艺术剧院的恩，报默然老师的恩。"王丽云不负众望，她把"母亲"演得有血有肉、朴实坚强。

同年，王丽云被借到沈阳话剧团主演话剧《活着，并高贵地活着》。李默然应邀看了她的演出，从心底为她高兴，她的表演艺术成熟了，表演功力也到了炉火纯青的境地。

演出结束后，李默然上台，祝贺她演出成功，并与她合了影。

第二天，李默然接到沈阳话剧团的电话，邀请他参加答谢编剧杨利民和主演王丽云的聚会。

见面后，王丽云真诚地叫道："老恩师！"李默然说："别这样说，我没做什么，我不敢当。"王丽云说："您是我走向艺术道路的伯乐，没有您当年的大力举荐，就没有我的今天，说不定我还在铁路上当工人呢。您别谦虚，您受之无愧。"

李默然想起年年都会收到一张来自北京的精美拜年卡，上面写着祝福的文字，落款是"小王"，一问，果然是王丽云寄来的。原来，她一直记着1974年的事情。李默然内心很是感动。

1975年的夏天，李默然发现了一个青年才俊，他就是后来的辽宁人民艺术剧院院长，三度获梅花奖、国际电影节最佳男演员奖的宋国锋。

那时候，宋国锋在辽宁省文教班学习。课余时间，他到辽宁人民广播电台演播小说。李默然听到他的演播，觉得他的声音好，情感到位。在文教班毕业汇报演出时，李默然又观看了宋国锋主演的话剧《雷雨之前》，觉得他是个人才，于是就给他打电话，说："宋国锋同志吗？我是李默然。请你到辽宁人民艺术剧院来一下好吗？"

宋国锋听到"李默然"3个字，特别震惊。他跑到辽宁人民艺术剧院，看到的1975年的李默然，竟是一个穿老头衫、端大茶缸的人，太平常了。这与他小时候在银幕上看到的邓世昌，差别实在是太大了。

在考了几个小品后，李默然很满意，他向领导力荐宋国锋。很快，辽宁省文化厅下调令，调宋国锋到辽宁人民艺术剧院来工作。

当时，宋国锋在昭乌达盟（今赤峰市）乌兰牧骑，就是草原马背上的文工团，除了是台柱子还做了队长。听说宋国锋要调走，昭乌达盟领导坚决不同意。

调动整整延后了 3 年,后来经过多方努力争取,李默然几次出面协调。1978 年 9 月,宋国锋终于成功调入辽宁人民艺术剧院。一心想当话剧演员的宋国锋,从此走进了心仪的艺术殿堂。

越是到了晚年,李默然慈爱的目光越是更多地落在青少年身上。

2008 年,李默然已 81 岁了,他仍然经常到剧院去看排练,并随时提出建设性的意见。他特别要看看那些青年演员是怎么工作的。

2008 年 3 月 6 日 11 时 40 分,辽宁人民艺术剧院的青年演员演出话剧《远山的月亮》,首次联排结束,排练场响起热烈掌声。两个小时的联排,演员投入,观众动情。李默然也一直坐在观众席上看完了联排,没喝一口水。当剧演到动情处时,他三次落泪。联排结束后,他说:"真没想到,这个话剧会如此动人,让我几次掉下眼泪。"

李默然鼓励青年演员在青春气息、情感展现、人物内心开掘上再下功夫。他说:"这是一部好戏呀,我要推荐这部戏参加今年 5 月的大学生戏剧节。"

李默然非常关心青年的成长。

由于十年内乱的后患,有些青年人对一切都无所谓,经常处于失落感的情绪中,对前途感到迷惘,出现了比挣钱、比花钱,"一切向钱看……"的状况。

◎ 李默然为青年演员指导表演

　　李默然带着剧院的人到一些高等院校去，了解青年们对话剧的意见。学生说："我们不看话剧，是因为你们没搞出非让我们去看的节目。"

　　回到剧院之后，李默然陷入深深的思考。

　　1982年春天，李默然力主创作的青年题材话剧《人生在世》问世，也算给青年朋友交了一份答卷。

　　5月22日，《人生在世》在沈阳艺术宫首演，从开幕到落幕掌声不断，深受各界青年朋友欢迎。10月24日至10月30日到天津巡演，和在沈阳演出一样，观众反响十分强烈。

　　天津一个青年给李默然写来一封信，提出一个问题："李老师，人究竟为什么活着？"

◎ 李默然为大学生授课

李默然在百忙之中给这个青年回了一封信，他在信中说：

当话剧《人生在世》在津门首场演出的帷幕徐徐闭合之后，热情的观众以热烈的掌声鼓励我们。帷幕再次拉开，我看到一位身材高大但病残严重的长者，迈着艰难而又有力的步伐登上了舞台。他，就是我们熟悉的、尊敬的作家方纪同志。他用左手向我们表示祝贺，一位长者寄希望于后人的热切目光流过我们的身心。不幸的遭遇，可以使他身体致残，但却不能使他心灰意冷。右手不能握笔，他就以惊人的毅力用左手练出一手好字。他仍然热爱社会，并为之努力学习、奋发工作。为什么？就因为理想不变，革命意志不变，人生的追求不变。

望着老人缓慢离去的背影，我的心情难以平静。我在想，我们的话剧《人生在世》提出了一个严峻的、每个人都要思考的问题："人究竟为什么活着？"我们试图用剧中主人公方正平的行动和思想给人以启示，这就是"人生要为了社会作贡献，不能只是为了自己……"在我们的现实生活中，像方纪同志这样的人，不是比比皆是吗？一个身体致残的人，尚且如此愉快地生活着、奋斗着。我们一个健康的人，特别是年轻的同志，为什么要轻生觅死呢？生活本身是错综复杂的，我们无法回避许多矛盾，但不可以作出错误判断。以我个人的浅见，我觉得应该是经常回顾过去，坚定地立足现实，勇敢地奔向未来。

所谓"回顾过去"，当然包括学习历史，正确地对待历史上的经验教训。认识了社会，懂得历史，才会知道现在。

所谓"立足现实"，就是不能好高骛远、想入非非。离开了脚下的现实，势将导致思想空虚。

所谓"勇敢地奔向未来"，就是要有理想、立大志。像许多革命前辈那样，不惜牺牲一切，为共产主义前仆后继地奋斗下去。未来是美好的，但必须经过几代人的不懈奋斗。

除此之外，以我个人的经历，我觉得还有一个摆正个人与民众、个人与组织的关系问题。这个问题处理不好，常常会引起思想上的患得患失和行动上的忽冷忽热，进而也会对人生失去正确的态度。

生活告诉我们，往往正是这个关系没摆好，才出现了这样、那样令人痛心的情况。鲁迅先生说得好：生存不是苟活。美好和幸福只能来自不倦的艰苦奋斗，捷径和坦途是没有的。愿与天津广大青年朋友携手前进！

那个青年没有想到李默然会回信，他读了之后很受启发，又回了李默然一封信。他在信中说："李老师，我懂了，从今以后，我要积极地生活，像您一样，做一个坚强而有成就的人。"

有的青年演员在一部影片或一部戏里，创造了一个观众比较满意的形象，广大观众给予赞誉，甚至授予各种奖励，李默然认为这是理所应当的，说明了广大观众对演员的爱护、关怀。

但李默然敏锐地发现了另外的问题，他公开发表文章说：

可惜，这方面又有很多地方让人失望。比如，在画报、报纸杂志上，从不同角度登载大幅照片，介绍个人生活，数不胜数。更有甚者，竟随便冠以各种头衔，如"新秀""优秀""著名"，直到"青年艺术家"等。有的人还在音乐学院学习，就给予了"一级歌手""一级演奏员"等称号。头衔随随便便地给了，继续严格的训练要求少了，正确思想引导少了，这究竟有什么好处？！前不久，我跟几个刊物的同志闲聊天，我说大概你们不太了解演员。

我接触到的，一个演员真想把一个形象演好的话，得掉几斤肉。跟我拍《走在战争前面》的唐国强，当年也是个年轻的同志，为了骑好马，从马上摔下来，胳膊摔断了，他打上石膏还接着练。这样的事迹才值得报道。

有些同志采访我，我说咱先约法三章，就称我"老演员"。我年过半百了，这样称呼还可以。我对"新秀四起"的提法实在不大赞成，觉得对年轻的同志一点好处也没有。那么大个头像，日历上、画报上到处都是，有什么意思？如果有点自制力，不会受什么影响，会继续刻苦用功。如果稍有不慎，导致的后果不会好。我说你们搞杂志的、搞画报的大概没想过这个问题，不知道我们搞表演艺术的甘苦。

21世纪初，李默然看到了戏剧舞台后继乏人的可怕现状，看到了无奈的"京漂"，他为广大青年仗义执言。

2009年8月28日，在中国话剧艺术发展论坛闭幕式上，李默然痛心地说：

"各大戏剧学院的毕业生宁可在北京漂着，也不会去其他省份从事自己的专业。除了北京、上海、广东这3个省市，我想，大概不会有任何一个城市能够吸引这些人才。如果我们院团再不想办法，我们的事业将如何发展？这是涉及我们这个艺术门类未来究竟如何发展的大问题，它是今天摆在我们眼前的残酷现实。但单纯地责怪年轻人，我认为也不客观。有的同志讲一个月只有400块的工资，这让一个年轻同志怎么成家立业，怎么生活？"

针对一段时间内文艺的恶俗和媒体的庸俗，特别是针对关于叫停电视速配相亲类节目，李默然曾说："多少年前，我就给各个部门写信，要求警惕充斥舞台、银幕、荧屏上的拜金主义，可是言者谆谆，听者藐藐。现在怎么样？终于有孩子公开高喊'宁坐在宝马车里哭，不坐在自行车上笑'，才想起来叫停，早干什么了？我们的电视台，我们的小报，都演什么节目，都登什么文章？"

他对青少年的关怀之情溢于言表。

李默然经常接到青年朋友的来信，他们急切地表达要当演员，而且直言不讳地声明："要当明星。"有的人随信就把照片寄来了，有的人就直白地提出，自己长得像某电影演员，意思是说，凭这一条他就可以当演员了。还有的人说："我日夜都想成为一个话剧演员。"

很少有人询问，做一名演员要吃什么苦？平常要花多少力气？有什么苦恼？要付出多少劳动？因为在很多人看来，演员就是玩玩乐乐、无忧无虑。

李默然不厌其烦地给这些热爱电影与戏剧的青年朋友回信，告诉他们做演员的正确途径。

在一封回信中，他以自己的成长经历现身说法：

事实上，我 45 年的演剧生活，最深的体会是苦大于乐，乐在苦中。记得 1951 年，那是我第一次接触正规的话剧排练，4 个月下来，瘦了几斤。于是，我打消了认为当演员"好玩""乐和"的想法，并且懂得了一个演员不仅在体力上要吃苦，而且要具备文学、历史、美术、音乐等多方面的修养。我的经历告诉我，要做个演员并不容易，更不轻松。我今天是个专业话剧演

◎ 李默然与青年朋友在一起

员，但我却是从"多面手"开始的。我是个毫无音乐素养的人，但我参加文工团后演的第一个戏却是歌剧《血泪仇》，以后又演过歌剧《纪念碑》。那时，我是合唱队员，乐队里的打击乐手；庆祝各大城市解放，我还是秧歌队的队员。有一段时间，我还是创作组的创作员。

记得在1950年，我第一次接受表演艺术训练的时候，老师给我出个题目：讲一讲你在生活中最激动的事。我就讲了参加土改时的一段经历。大家听得入了神。我讲完以后，大家评论："他好像在说评词，真带劲儿。"导演也奇怪地问我："你说过评词吗？"我说："没有，但我听过的评词可真不少。"导演说："噢！"他虽然没有任何褒贬的评语，但我看得出来，起码在语言上他是肯定我的。小时候听评词学到的东西，在这里就用上了。演歌剧，向民族戏曲学习之处就更多了。我虽然只演过两出歌剧，但我在表演上向民族戏曲（特别是看得较多的京剧）吸收了不少营养。我只是想说，我走向专业化之前，向其他姊妹艺术学了很多东西。我说这些，是想告诉想做演员的年轻朋友，应该从多方面入手，知道得越多越好。在专业学府学习、深造固然好，没有这个条件也不一定不能当演员。只要你下决心，努力从各方面锻炼自己，在实践中注意总结、学习，也是可以的。

李默然把自己从人生与艺术创作中苦熬出来的经验与哲理，毫无保留地献给了广大青少年朋友。

2010年9月，李默然83岁，他应邀参加了辽宁电视台的晚会"红诗会"。当时，他的身体已经很衰弱了，但他还是参加了这台晚会，在孩子们的簇拥下，他坐在轮椅上，再一次吃力地朗诵了艾青的诗作《我爱这片土地》——

假如我是一只鸟，
我也应该用嘶哑的喉咙歌唱：
……
——然后我死了，
连羽毛也腐烂在土地里面。
为什么我的眼里常含泪水？
因为我对这土地爱得深沉……

在鲜花与掌声中，隔着泪水，他深情地看着孩子们。
这是他最后一次演出。

两年以后，2012年11月8日中午，李默然这位青少年的良师益友永远地谢幕了。

中国戏剧家协会主席、著名演员濮存昕说："李默然先生热爱祖国、热爱艺术、热爱人民的精神，他的政治眼光，他的胸怀，都令人敬佩；他的艺术、他的人生都是值得我们学习的榜样。有句诗说'明月装饰了你的窗户，你装饰了别人的梦'，李默然先生为中国观众提供了艺术梦想。他的大无畏牺牲精神、忍辱负重的品格，

◎ 人民的艺术家李默然永远矗立在人民的舞台上

都是我们现在中青年演员需要学习的。无论是他所塑造的邓世昌这样的形象，还是他本人，都是一身浩然正气。我们晚辈演戏，心中应该有方向，应该有榜样，希望将前辈的影响体现在我们的舞台实践中。"

人民艺术家李默然的高大形象，将永远矗立在广大青少年朋友的心中。

《戏剧人生——李默然的成长之路》
（有声版）

他是一代话剧宗师

他是人民表演艺术家

他深爱祖国，深爱人民

阅读本书可以启迪心智

阅读本书是一次光芒之旅

本书每章开头均附二维码，扫码即可欣赏本章全部音频；也可关注辽海出版社微信公众号，收听更多精彩内容。

- -

作　　者：关　捷

演　　播：陆文峰

编　　辑：夏　莹　高福庆

录　　制：赵　楠

监　　制：袁丽娜　赵　楠